五年制高职专用教材

财务会计类专业精品课程规划教材

企业经营管理认知职业能力训练

（第二版）

● 主编 彭才根 马 力

苏州大学出版社
Soochow University Press

图书在版编目(CIP)数据

企业经营管理认知职业能力训练／彭才根,马力主编. —2版. —苏州：苏州大学出版社,2018.7(2023.6重印)
 五年制高等职业教育会计类专业精品课程系列教材
 江苏联合职业技术学院院本教材　经学院教材审定委员会审定通过
 ISBN 978-7-5672-2464-3

Ⅰ.①企⋯　Ⅱ.①彭⋯②马⋯　Ⅲ.①企业经营管理-高等职业教育-教材　Ⅳ.①F272.3

中国版本图书馆CIP数据核字(2018)第153804号

企业经营管理认知职业能力训练(第二版)
彭才根　马　力　主编
责任编辑　薛华强

苏州大学出版社出版发行
(地址：苏州市十梓街1号　邮编：215006)
丹阳市兴华印刷厂印装
(地址：丹阳市胡桥镇　邮编：212313)

开本787 mm×1 092 mm　1/16　印张5.25　字数128千
2018年7月第2版　2023年6月第3次印刷
ISBN 978-7-5672-2464-3　定价：22.00元

苏州大学版图书若有印装错误,本社负责调换
苏州大学出版社营销部　电话：0512-67481020
苏州大学出版社网址　http://www.sudapress.com

江苏联合职业技术学院院本教材出版说明

江苏联合职业技术学院成立以来,坚持以服务经济社会发展为宗旨、以促进就业为导向的职业教育办学方针,紧紧围绕江苏经济社会发展对高素质技术技能型人才的迫切需要,充分发挥"小学院、大学校"办学管理体制创新优势,依托学院教学指导委员会和专业协作委员会,积极推进校企合作、产教融合,积极探索五年制高职教育教学规律和高素质技术技能型人才成长规律,培养了一大批能够适应地方经济社会发展需要的高素质技术技能型人才,形成了颇具江苏特色的五年制高职教育人才培养模式,实现了五年制高职教育规模、结构、质量和效益的协调发展,为构建江苏现代职业教育体系、推进职业教育现代化做出了重要贡献。

面对新时代中国特色社会主义建设的宏伟蓝图,我国社会主要矛盾已经转化为人民日益增长的美好生活需要和不平衡不充分的发展之间的矛盾,这就需要我们有更高水平、更高质量、更高效益的发展,实现更加平衡、更加充分的发展,才能全面建成社会主义现代化强国。五年制高职教育的发展必须服从服务于国家发展战略,以不断满足人们对美好生活需要为追求目标,全面贯彻党的教育方针,全面深化教育改革,全面实施素质教育,全面落实立德树人根本任务,充分发挥五年制高职贯通培养的学制优势,建立和完善五年制高职教育课程体系,健全德能并修、工学结合的育人机制,着力培养学生的工匠精神、职业道德、职业技能和就业创业能力,创新教育教学方法和人才培养模式,完善人才培养质量监控评价制度,不断提升人才培养质量和水平,努力办好人民满意的五年制高职教育,为决胜全面建成小康社会、实现中华民族伟大复兴的中国梦贡献力量。

教材建设是人才培养工作的重要载体,也是深化教育教学改革、提高教学质量的重要基础。目前,五年制高职教育教材建设规划性不足、系统性不强、特色不明显等问题一直制约着内涵发展、创新发展和特色发展的空间。为切实加强学院教材建设与规范管理,不断提高学院教材建设与使用的专业化、规范化和科学化水平,学院成立了教材建设与管理工作领导小组和教材审定委员会,统筹领导、科学规划学院教材建设与管理工作。制订了《江苏联合职业技术学院教材建设与使用管理办法》和《关于院本教材开发若干问题的意见》,完善了教材建设与管理的规章制度;每年滚动修订《五年制高等职业教育教材征订目录》,统一组织五年制高职教育教材的征订、采购和配送;编制了学院"十三五"院本教材建设规划，组织18个专业和公共基础课程协作委员会推进院本教材开发，建立了一支院本教材开发、编写、审定队伍；创建了江苏五年制高职教育教材研发基地，与江苏凤凰职业教育图书有限公司、苏州大学出版社、北京理工大学出版社、南京大学出版社、上海交通大学出版社等签订了战略合作协议，协同开发独具五年制高职教育特色的院本教材。

今后一个时期，学院在推动教材建设和规范管理工作的基础上，紧密结合五年制高职教育发展新形势，主动适应江苏地方社会经济发展和五年制高职教育改革创新的需要，以学院18个专业协作委员会和公共基础课程协作委员会为开发团队，以江苏五年制高职教育教材研发基地为开发平台，组织具有先进教学思想和学术造诣较高的骨干教师，依照学院院本教材建设规划，重点编写出版约600本有特色、能体现五年制高职教育教学改革成果的院本教材，努力形成具有江苏五年制高职教育特色的院本教材体系。同时，加强教材建设质量管理，树立精品意识，制订五年制高职教育教材评价标准，建立教材质量评价指标体系，开展教材评价评估工作，设立教材质量档案，加强教材质量跟踪，确保院本教材的先进性、科学性、人文性、适用性和特色性建设。学院教材审定委员会组织各专业协作委员会做好对各专业课程（含技能课程、实训课程、专业选修课程等）教材进行出版前的审定工作。

本套院本教材较好地吸收了江苏五年制高职教育最新理论和实践研究成果，符合五年制高职教育人才培养目标定位要求。教材内容深入浅出，难易适中，突出"五年贯通培养、系统设计"专业实践技能经验积累培养，重视启发学生思维和培养学生运用知识的能力。教材条理清楚，层次分明，结构严谨，图表美观，文字规范，是一套专门针对五年制高职教育人才培养的教材。

学院教材建设与管理工作领导小组
学院教材审定委员会
2017年11月

序言

根据《江苏联合职业技术学院教材建设与使用管理办法》(苏联院[2015]11号)和《关于院本教材开发若干问题的意见》(苏联院研[2016]12号)精神,学院财务会计专业协作委员会于2017年对已开发出版使用的会计类专业院本教材的使用情况开展调研,组织有关专家和院本教材主编对教材的先进性、科学性、特色性、实用性进行再次论证和研讨,在此基础上,对现有院本教材进行整体修订、改版。本次修订的重点主要在以下几个方面:

一是适应"互联网+"背景下的职业教育课程信息化建设要求,推进课程信息化教学资源的建设。与苏州大学出版社合作,为本套教材开发了信息化教学资源支持系统,针对教材内容开发相应的信息化教学资源库,增强教材内容呈现的多样性,使教材的使用尽可能突破平面性教学,具有空间性、展示性、仿真性、愉悦性、时效性。

二是适应我国财税政策和会计制度的最新变革,加强教材的先进性、科学性建设。针对我国会计从业资格证取消,财政、税收、金融等相关制度变化,对教材内容进行了调整、修改、充实。改变教材内容编写思路,着重体现专业知识的基础性,对部分政策性变化较大、变化频率较快的教学内容,通过检索链接方式呈现,在培养学生专业基础知识、专业基本能力和专业素质的基础上,加强检索专业信息能力的培养。

三是体现五年制高职会计类专业课程建设实践成果,突出教材的基础性、特色性建设。江苏五年制高职课程改革和建设的实践取得了显著成效,形成了很好的课程改革和建设实践案例。院本教材在使用中也得到了很好的检验。本次教材修订吸收了江苏五年制高职会计类专业建设实践中的最新理论和方法成果,在教材内容编排上,更加注重深入浅出、理论联系实际,使理论阐述与实际工作一致。突出"五年贯通培养、系统设计",特别注重会计专业实践技能积累性训练和职业精神的培养,重视启发学生思维和培养学生运用知识的能力。

修订后的本套教材和所属课程信息化教学资源符合教育部门对高职高专教育教学要求,深度适中,实际材料丰富,便于教学。教材更加注重对新时代会计专业创新性、应用性、发展性技术技能型人才综合素质的培养,基本理论和概念正确,在知识体系构建上有创新、有探索,理论与实践结合得比较紧密,内在逻辑关系清楚,编排合理,层次分明,结构严谨,文字规范,图表美观正确。

本套教材和所属课程信息化教学资源,主要适用于五年制高等职业教育会计类专业的课程教学,也适用于三年制高等职业教育、中等职业教育的财经类专业课程教学,还可以用于会计从业人员的学习、培训。

江苏联合职业技术学院财务会计专业协作委员会
2018年6月

第二版前言

为配合五年制高等职业教育会计类专业《企业经营管理认知》教材的修订,我们对与之配套的职业能力训练也进行了修订。

本书以修订后的《企业经营管理认知》教材为基础,紧贴"企业经营管理认知"中"认知"的要求,重点强调对"企业经营管理认知"的基本理论、基本知识、基本能力的掌握。

本书仍保留了原有模块的顺序,保留了原有的知识认知、专业运用、专业拓展能力训练,删除了部分不适应的知识认知、专业运用能力训练题目,替换了部分知识认知、专业运用能力训练题目,使职业能力训练更加贴近行业、企业与学生生活的实际。

本书由江苏联合职业技术学院常州学前教育分院彭才根教授、淮安生物工程分院马力主任主持修订,具体分工为:彭才根负责模块一的修订,常州旅游商贸分院张晖、江苏武进中兴石油有限公司总经理刘忠涛负责模块二的修订,淮安生物工程分院马力、汪婧负责模块三的修订,刘国钧分院陶卫东负责模块四的修订,刘国钧分院杨昕负责模块五的修订。

本书可供五年制高等职业教育会计类专业学生使用,也可供中等职业教育会计类专业学生以及职业岗位人员、自学进修人员和业务学习者使用。

由于我们水平有限,书中可能存在疏漏之处,恳请读者批评指正,并将意见和建议及时反馈给我们,以便今后修订。

编 者
2018 年 3 月

前言

为配合五年制高等职业教育会计类专业"企业经营管理认知"课程的教学，使学生更好地掌握企业经营管理的基本知识、基本方法与基本能力，我们编写了与《企业经营管理认知》教材配套的职业能力训练。

本书以江苏联合职业技术学院颁布的五年制高等职业教育会计类专业"企业经营管理认知"课程标准为依据，以《企业经营管理认知》院本精品课程为基础，重点强调上层战略管理、中层经营管理、基层实施管理，以商流、物流、资金流、信息流、智力流等为主线，按《企业经营管理认知》教材的体例和结构编写而成。

本书的训练项目和内容符合课程目标，尤其突出了会计类专业要求学生掌握企业经营管理的知识、方法与能力的实际情况，凸显了高等职业教育高素质、高技能复合型人才培养目标的宗旨，使学生通过多种形式的职业能力训练能更好、更快地胜任会计工作。

本书由江苏联合职业技术学院常州旅游商贸分院彭才根副教授、淮安生物工程分院马力主任任主编，负责设计职业能力训练项目和体例。本书共分五个模块。彭才根编写模块一，常州旅游商贸分院张晖、江苏武进中兴石油有限公司总经理刘忠涛编写模块二，淮安生物工程分院马力、汪婧编写模块三，刘国钧分院陶卫东、南京财经学校曹金融、常州旅游商贸分院杨静编写模块四，江阴中等专业学校季立编写模块五。最后由彭才根负责总纂、定稿。徐州财经分院郑在柏教授担任主审。

本书可供五年制高等职业教育会计类专业学生使用，也可供中等职业教育会计类专业学生以及职业岗位人员、自学进修人员和业务学习者使用。

常州旅游商贸分院景影老师为本书的整理做了大量工作；在编写过程中，借鉴和参考了大量企业经营管理方面的资料，在此一并表示感谢。

由于水平有限，书中错误、疏漏在所难免，恳请专家、读者斧正。

编 者

2012 年 5 月

CONTENTS

目录

模块一　企业认知　　　　　　　　　　　　　001

　　知识认知能力训练　　　　　　　　　　　001
　　专业运用能力训练　　　　　　　　　　　005
　　专业拓展能力训练　　　　　　　　　　　009

模块二　企业经营认知　　　　　　　　　　　011

　　知识认知能力训练　　　　　　　　　　　011
　　专业运用能力训练　　　　　　　　　　　019
　　专业拓展能力训练　　　　　　　　　　　023

模块三　企业经营管理基本认知　　　　　　　026

　　知识认知能力训练　　　　　　　　　　　026
　　专业运用能力训练　　　　　　　　　　　033
　　专业拓展能力训练　　　　　　　　　　　039

模块四　企业经营管理要素认知　　　　　　　041

　　知识认知能力训练　　　　　　　　　　　041
　　专业运用能力训练　　　　　　　　　　　053
　　专业拓展能力训练　　　　　　　　　　　063

模块五　企业经营战略管理认知　　　　　　　　　　067
　　知识认知能力训练　　　　　　　　　　　　　　067
　　专业运用能力训练　　　　　　　　　　　　　　070
　　专业拓展能力训练　　　　　　　　　　　　　　073

模块一

企业认知

知识认知能力训练

一、单项选择能力训练

1. 普通合伙企业中合伙人对合伙企业债务承担（　　）。
   A. 无限连带责任　　　　　　　　B. 有限连带责任
   C. 合并连带责任　　　　　　　　D. 混合连带责任
2. 股份有限公司注册资本的最低限额为人民币（　　）。
   A. 500 万元　　B. 1 000 万元　　C. 1 500 万元　　D. 2 000 万元
3. （　　）是指公司依照法定程序发行、约定在一定时期还本付息的有价证券。
   A. 公司债券　　　　　　　　　　B. 汇票
   C. 本票　　　　　　　　　　　　D. 政府债券
4. 下列选项不符合股份有限公司设立条件的是（　　）。
   A. 发起人符合法定人数
   B. 发起人认购和募集的股本达到法定资本最低限额
   C. 股份发行、筹办事项符合法律规定
   D. 发起人制定公司章程,采用募集方式设立的须经创立大会通过
   E. 有公司名称,建立符合股份有限公司要求的组织机构
5. 普通合伙企业中合伙人不可以用作出资的财产主要有（　　）。
   A. 合伙人所有的货币　　　　　　B. 合伙人所有的实物
   C. 合伙人所有的知识产权　　　　D. 合伙人所有的土地使用权
   E. 合伙人的劳务
6. 准备股票上市的股份有限公司进行公司名称预先核准时无须提交的申请文件有（　　）。
   A. 全体股东签署的公司名称预先核准申请书
   B. 全体发起人签署的公司名称预先核准申请书
   C. 股东的法人资格证明或者自然人的身份证明

D. 发起人的法人资格证明或者自然人的身份证明

E. 公司登记机关要求交的其他文件

7. 具有独立法人资格的企业是(　　)。
   A. 个人独资企业　　　　　　　　B. 合伙制企业
   C. 无限责任公司　　　　　　　　D. 股份有限公司

8. 不通过发行股票,而由为数不多的股东集资组建的公司是(　　)。
   A. 有限责任公司　　B. 股份有限公司　　C. 无限责任公司　　D. 跨国公司

9. 在企业的所有经营活动中,被称为运转"血液"的是(　　)。
   A. 生产活动　　　　B. 营销活动　　　　C. 供应活动　　　　D. 财务活动

10. 企业的设立程序是(　　)。
    (1)审查　(2)受理　(3)申请　(4)核准
    A. (1)(2)(3)(4)　　　　　　　　B. (2)(3)(4)(1)
    C. (3)(2)(1)(4)　　　　　　　　D. (2)(3)(1)(4)

11. (　　)不是企业。
    A. 中国民生银行　　　　　　　　B. 审计局
    C. 建筑设计院　　　　　　　　　D. 股份有限公司

12. 在市场经济条件下,企业以(　　)为主要目的。
    A. 营利　　　　　　B. 服务　　　　　　C. 销售　　　　　　D. A 和 B

13. 判断某一经济组织是否真正具备企业形态的重要标志是(　　)。
    A. 生产经营以营利为目的　　　　B. 拥有一定技能的生产者和管理者
    C. 企业自主经营必须自负盈亏　　D. 有充足的资金与技术

14. 海尔集团是(　　)。
    A. 中介服务企业　　B. 公司制企业　　C. 零售企业　　　　D. 合伙制企业

15. 在股份公司中,(　　)为公司法人代表。
    A. 总经理　　　　　B. 财务总监　　　　C. 董事长　　　　　D. A 和 C

16. (　　)是股份公司的最高权力机关。
    A. 股东大会　　　　B. 董事会　　　　　C. 监事会　　　　　D. A 和 B

17. 在股份公司中,监事会对(　　)负责。
    A. 董事长　　　　　B. 总经理　　　　　C. 股东大会　　　　D. 董事会

18. 矩阵结构,是在组织结构基础上,按(　　)划分的垂直决策结构。
    A. 地区　　　　　　B. 部门　　　　　　C. 职能　　　　　　D. 业务

19. 下列组织结构中分权程度最高的是(　　)。
    A. 直线型　　　　　　　　　　　B. 直线-职能参谋型
    C. 事业部制　　　　　　　　　　D. 直线-参谋型

20. 没有实行管理分工的组织结构是(　　)。
    A. 多维立体结构　　B. 矩阵型　　　　　C. 职能型　　　　　D. 直线型

21. 直线型组织结构一般只适用于(　　)。
    A. 大型组织
    B. 中型组织

C. 没有必要按职能实现专业化管理的小型组织
D. 需要职能专业化管理的组织

22. 职能型组织结构的最大缺点是( )。
    A. 适应性差   B. 多头领导
    C. 横向协调差   D. 不利于培养上层领导

23. 单线型组织结构是指( )。
    A. 直线组织结构   B. 事业部制
    C. 矩阵结构   D. 职能型组织结构

24. 组织中每个部门或个人的贡献越是有利于实现组织目标,组织结构就越是合理有效,这是组织工作的( )。
    A. 目标统一原则   B. 分工协作原则
    C. 责权一致原则   D. 管理宽度原则

二、多项选择能力训练

1. 企业的特征包括( )。
   A. 经济性   B. 独立性
   C. 社会性   D. 能动性和竞争性

2. 企业按经营方向不同可分为( )。
   A. 工业企业   B. 商业企业   C. 金融企业   D. 农业企业

3. 企业按组织形式不同可分为( )。
   A. 独资企业   B. 合伙企业   C. 公司制企业   D. 学习型企业

4. 下列选项属于企业设立基本条件的有( )。
   A. 有符合法律规定的名称   B. 有企业章程或协议
   C. 有符合法律规定的资本   D. 有符合法律规定的经营范围

5. 个人独资企业开业登记时,应提供的文件有( )。
   A. 身份证   B. 房屋产权证   C. 婚姻证明   D. 申请书

6. 企业登记的类型有( )。
   A. 设立登记   B. 分立登记   C. 注销登记   D. 合并登记

7. 企业目标按职能可分为( )。
   A. 营销目标   B. 生产目标   C. 整体目标   D. 研发目标

8. 下列选项属于企业责任的有( )。
   A. 员工发展责任 B. 客户服务目标 C. 提供就业责任 D. 绿色环保责任

9. 直线型组织结构的优点有( )。
   A. 分工较细   B. 责任和职权明确
   C. 做决策容易和迅速   D. 减轻了上层管理人员的负担
   E. 结构比较简单

10. 矩阵结构的优点有(　　)。
    A. 灵活性强　　　　B. 适应性强　　　　C. 稳定性好
    D. 便于沟通意见　　E. 有利于接受新观点、新方法
11. 矩阵结构的弱点有(　　)。
    A. 稳定性较差　　　B. 灵活性不够　　　C. 适应性不强
    D. 双重领导　　　　E. 结构简单
12. 组织工作的特点是(　　)。
    A. 精确性　　　　　B. 动态性　　　　　C. 考虑非正式组织的影响
    D. 统一性　　　　　E. 一个过程
13. 事业部制适合于(　　)。
    A. 小型企业　　　　B. 现场管理　　　　C. 集权型企业
    D. 跨国公司　　　　E. 大型企业
14. 直线型组织结构的特点有(　　)。
    A. 主管人员对其直接下属有直接职权　　B. 吸收专家参与管理
    C. "一个人,一个头"　　　　　　　　　D. 主管人员在管辖范围内有绝对职权
    E. 减轻上层主管人员负担
15. 职能型组织结构的缺点有(　　)。
    A. 适应性差　　　　　　　　　　　　　B. 多头领导
    C. 横向联系和配合差　　　　　　　　　D. 不利于培养上层管理者
    E. 结构过于简单
16. 职能型组织结构的优点有(　　)。
    A. 能发挥职能机构专业管理的作用　　　B. 减轻了上层主管人员的负担
    C. 部门间易于协调　　　　　　　　　　D. 适应外部环境发展变化能力强
    E. 有利于培养上层主管人员
17. 组织工作的原则包括(　　)。
    A. 目标统一　　　　B. 责权一致　　　　C. 分工协作
    D. 组织适宜性　　　E. 稳定性和适应性相结合
18. 直线型组织结构适用于(　　)。
    A. 大型组织　　　　B. 中型组织　　　　C. 小型企业
    D. 跨国组织　　　　E. 现场管理
19. 集权与分权相结合的原则强调要正确处理(　　)。
    A. 授权的关系　　　B. 一线人员的关系　C. 集权的关系
    D. 分权的关系　　　E. 管理人员的关系
20. 组织结构的类型有(　　)。
    A. 直线型　　　　　B. 扁平结构　　　　C. 直式结构
    D. 职能型　　　　　E. 矩阵结构

三、判断能力训练

1. 经济性是企业区别于其他非经济组织的最本质特性。（　　）
2. 按活动的领域,可将企业分为大型、中型、小型企业。（　　）
3. 只要具备民事行为能力的自然人都能开设个人独资企业。（　　）
4. 有限合伙企业的合伙人中至少有一名合伙人是普通合伙人。（　　）
5. 李四开设一家一人有限责任公司后可以再以这家有限责任公司为股东开设另一家一人有限责任公司。（　　）
6. 设立有限责任公司股东符合法定的人数是2人以上。（　　）
7. 现代企业的组织形式多种多样,所有企业都应具有独立的法人资格。（　　）
8. 合伙企业注册资本最低限额为10万元。（　　）
9. 企业的全部财产不能清偿到期债务时,法院应裁定其破产。（　　）
10. 企业名称既可以自行确定,也可以由工商局核准确定。（　　）
11. 企业目标应随着社会的发展不断调整。（　　）
12. 企业的社会责任是企业必须履行的义务。（　　）
13. 中国银行不是企业。（　　）
14. 企业自主经营必须自负盈亏,用自负盈亏来制约自主经营。（　　）
15. 在股份有限公司中,总经理直接向董事长负责。（　　）
16. 企业组织结构有正规化、复杂化、集权化等特征。（　　）
17. 企业基层管理也称为作业层或战术层管理。（　　）
18. 直线制是最简单的企业组织形式。（　　）
19. 直线职能结构存在着缺乏纵向联系的弊病。（　　）
20. 企业应自觉遵守国家的法律法规,及时缴纳税费。（　　）

专业运用能力训练

一、总结归纳能力训练

1. 描述企业的内涵及其特征。

2. 辨别公司制企业的特征及优缺点。

3. 简述企业设立的条件。

4. 描述企业登记的类型及内容。

5. 描述企业组织结构设计的原则。

6. 描述企业组织结构形式及其优缺点。

7. 描述企业目标的作用及类型。

8. 简述企业责任的内容。

二、案例分析能力训练

1. 分析企业名称的构成。

现有 5 个企业名称如下：沈阳市商贸有限公司、美姿服装有限公司、大连路通有限公司、无锡小天鹅洗衣机公司、上海大众汽车股份有限公司，试分析以上公司名称是否符合法律规定，如不符合，请说明理由。

2. 2017年4月,H省复德船务有限责任公司(以下简称"船务公司")与J省利华饮料有限责任公司(以下简称"利华公司")在J省N市共同发起设立尚古矿泉有限责任公司。作为尚古矿泉有限责任公司(以下简称"矿泉公司")的发起人,船务公司与利华公司签订了一份发起人协议。双方约定:(1)利华公司投入价值350万元人民币的厂房等生产必需设备,船务公司投入流动资金250万元人民币;(2)公司设立股东会、董事会,董事会为公司决策和业务执行机构;(3)出资各方按投资比例分享利润、分担风险;(4)公司筹备具体事宜及办理注册登记由利华公司方面负责。同年6月11日及7月19日,船务公司方面依协议约定分两次将250万元投资款汇入利华公司账户。此后,双方制定了公司章程,确定了董事会人选,并且举行了两次董事会议,制订了生产经营计划。然而,上述程序完成后,矿泉公司迟迟没有办理公司注册登记和开展业务活动。

在此过程中,船务公司曾向利华公司多次催问,仍然无果。1999年10月,由于矿泉公司一直未注册和开展活动,且船务公司根据其经营情况的需要,要求利华公司归还其投资款,为此,双方发生争执。船务公司遂以利华公司为被告向人民法院提起诉讼。船务公司诉称:由于利华公司负责办理登记事宜而一直没有办理,致使矿泉公司不能成立,因此所订协议无效,利华公司就应该退回其投资款250万元人民币。利华公司辩称:双方签订协议,缴纳出资,制定章程,成立了董事会,至今已逾一年半时间,即使未办理登记手续,只是形式方面有欠缺,事实上公司已经成立;而且双方所订协议是合法有效的,协议中并未规定利华公司办理注册登记的期限,所以,该协议至今仍为有效;船务公司要求全部退还投资款,属于违约行为。因此,主张双方应继续履行合同,由利华公司方面尽快办妥注册手续。

思考:

(1)船务公司与利华公司发起矿泉公司是否符合设立有限责任公司的法定条件?为什么?

(2)船务公司与利华公司发起设立矿泉公司的方式是否符合《公司法》的有关规定?为什么?

(3)船务公司与利华公司发起设立矿泉公司的程序是否符合《公司法》的有关规定?为什么?

(4)矿泉公司在事实上是否设立成功?为什么?

3. 小王厌倦了为他人工作。他中学时便梦想着开一家属于自己的公司,并且到 30 岁时能够成为百万富翁。小王现在已经 29 岁了,虽然下一年他很有可能成不了百万富翁,但他打算用现有的 5 万元开一家公司。那么,5 万元能成立一家什么类型的公司呢?这样的一家企业又能选择何种组织形式呢?他已经准备好去调查一下自己将要经营的企业类型和组织形式。尽管他平时很喜欢和同事们打羽毛球,却没有任何一种兴趣和爱好使他能够建立一家企业。经过一番考察,他意识到自己还是应该致力于销售产品而不是提供服务,但是他仍然为销售何种产品而发愁。

讨论:
(1)小王要创建自己的企业,应该选择什么样的组织形式?
(2)如果你是小王,你会选择销售什么样的产品?

专业拓展能力训练

企业类型选择能力

目标

通过训练,掌握选择企业的能力。

内容

到当地工商行政管理机关了解最近 5 年登记成立的企业中个人独资企业、合伙企业、公司企业分别有多少,分析形成目前企业开办比例的具体原因是什么。

要求

利用课余时间到工商行政管理局调查,写出调查分析报告。

企业设立文件编制能力

目标

通过训练,掌握开办有限责任公司时各种登记申请文件的书写要求与书写方法。

内容

按自己拟设立的公司来完成有限责任公司登记申请文件的书写,了解这些申请文件的书写要求,并能准确填制申请内容。

要求

根据自身情况拟订申请文件内容,并填齐相应材料。

 企业组织结构的基本模式

目标

通过训练,领会企业组织结构模式,并能分析该企业结构的特点。

内容

通过各种媒体搜集某个企业的实际资料,主要包括企业内部的主要职位、部门以及权限等。

要求

根据所搜集资料,说明这个企业的组织结构模式以及这种组织的特点。

模块二

企业经营认知

知识认知能力训练

一、单项选择能力训练

1. 企业的法律意识是法律观、(　　)和法律思想的总称。
   A. 法律知识　　　　B. 法律条文　　　　C. 法律感
   D. 法律规范　　　　E. 法律体制
2. 社会经济结构中,最重要的是(　　)。
   A. 分配结构　　　　B. 产业结构　　　　C. 交换结构
   D. 消费结构　　　　E. 技术结构
3. 科技环境分析是指一个国家和地区的科技水平、科技政策、(　　)以及科技发展的动向。
   A. 科技力量　　　　B. 科技体制　　　　C. 新产品开发能力
   D. 科技制度　　　　E. 科技立法
4. 竞争者的地位主要以(　　)为标志。
   A. 市场占有率　　　B. 市场增长率　　　C. 顾客满意度
   D. 市场份额　　　　E. 产品销量
5. 与企业单位相关的经济实体得到的经济效益,称为企业的(　　)经济效益。
   A. 宏观　　　　　　B. 直接　　　　　　C. 间接
   D. 内部　　　　　　E. 外部
6. 企业素质中,(　　)是关键。
   A. 人员素质　　　　B. 技术装备素质　　C. 管理素质
   D. 企业文化素质　　E. 企业资产
7. 全面合作的同盟者是(　　)。
   A. 直接同盟者　　　B. 长期同盟者　　　C. 现实同盟者
   D. 基本同盟者　　　E. 临时同盟者

8. 顾客分析包括企业产品或服务的用户和(　　)分析。
   A. 顾客心理　　　　B. 购买行为　　　　C. 顾客需求
   D. 中间经销商　　　E. 购买动机
9. 经济发展有五个阶段：① 传统经济社会；② 经济起飞前的准备阶段；③ 经济起飞阶段；④ 迈向经济成熟阶段；⑤ 大量消费阶段。其中：①②③指的是(　　)。
   A. 发展中国家　　　B. 发达国家　　　　C. 贫穷国家
   D. 内战国家　　　　E. 君主制国家
10. 把企业建在何处是对企业的(　　)分析。
    A. 政治环境　　　　B. 自然环境　　　　C. 经济环境
    D. 文化环境　　　　E. 社会环境
11. 被称为"买断"的经营方式是(　　)。
    A. 行纪　　　　　　B. 代理　　　　　　C. 代销
    D. 独家经销　　　　E. 包销
12. 仓储式商场的选址一般为(　　)和交通要道。
    A. 城乡接合部　　　B. 居民区　　　　　C. 医院附近
    D. 商业区　　　　　E. 繁华区
13. 超级市场的服务功能一般要求营业时间每天不低于(　　)，有一定面积的停车场。
    A. 12 小时　　　　 B. 8 小时　　　　　C. 24 小时
    D. 11 小时　　　　 E. 10 小时
14. 服务功能齐全，集零售、餐饮、娱乐为一体，根据销售面积设有相应规模的停车场，这个一般指的是(　　)。
    A. 专卖店　　　　　B. 大型超市　　　　C. 购物中心
    D. 便利店　　　　　E. 专业店
15. 专业店的商品结构中主营商品占经营商品的(　　)。
    A. 40%　　　　　　 B. 60%　　　　　　 C. 90%
    D. 80%　　　　　　 E. 30%
16. 下列业态经营策略定位于"廉"的是(　　)。
    A. 精品专卖店　　　B. 超级市场　　　　C. 便利店
    D. 仓储式商店　　　E. 购物中心
17. 代销属于行纪的范畴，在商品经营活动中，如果行纪人只是为委托人从事物品销售活动，那么有时也称为(　　)。
    A. 代理　　　　　　B. 寄售　　　　　　C. 经销
    D. 包销　　　　　　E. 定销
18. 根据代理商代理权限的大小，可将商务代理分为(　　)、一般代理和总代理。
    A. 独家代理　　　　B. 地区代理　　　　C. 特级代理
    D. 区域代理　　　　E. 二级代理
19. 商务代理，是指代理人为被代理人代理商品买卖等有关事宜，收取(　　)的营利性经济活动。
    A. 销售额　　　　　B. 代理费　　　　　C. 赢利费

D. 专卖费　　　　　　　E. 佣金

20. 根据代理商代表的对象不同,将代理分为生产代理、销售代理和(　　)。
   A. 批发代理　　　　B. 零售代理　　　　C. 采购代理
   D. 独家代理　　　　E. 总代理

21. 目标就好比路标,确定目标如同识别北极星,这种说法主要表现了目标的(　　)方面的作用。
   A. 指明方向　　　　B. 提供标准　　　　C. 激励因素
   D. 管理基础　　　　E. 决策

22. 贡献目标是指企业在加快自身发展的同时,还要努力为(　　)的进步做出应有的贡献。
   A. 消费者　　　　　B. 社会　　　　　　C. 企业
   D. 政府　　　　　　E. 利益集团

23. "金立手机:金品质,立天下",这种说法反映了企业的(　　)。
   A. 发展目标　　　　B. 利益目标　　　　C. 市场目标
   D. 竞争性目标　　　E. 稳定性目标

24. 市场占有率指标不仅表明企业的竞争能力,同时也能表明(　　)。
   A. 企业市场份额　　B. 销售量的提升　　C. 消费者的认可度
   D. 经营的稳定性　　E. 企业的垄断地位

25. 在企业经营中整体目标是为实现企业目的而制定的,而(　　)是由企业的各个部门及工作场所为满足其各种需求而产生的。
   A. 部门目标　　　　B. 职能目标　　　　C. 全局目标
   D. 个体目标　　　　E. 利润目标

26. 目标的一致性原则就是指(　　)协调一致。
   A. 整体目标要与个体目标　　　　B. 企业目标要与部门目标
   C. 市场目标要与销售目标　　　　D. 全局目标要与近期目标
   E. 总体目标要与中间目标和具体目标

27. 战术目标反映企业的(　　)。
   A. 长期利益　　　　B. 眼前利益　　　　C. 经济利益
   D. 局部利益　　　　E. 总体利益

28. 对于整体目标来说,个体目标有时会起(　　)。
   A. 反作用　　　　　B. 促进作用　　　　C. 参照作用
   D. 优化作用　　　　E. 局部作用

29. 表明企业经营状况是否安全,有没有亏损甚至倒闭的危险,指的是企业的(　　)。
   A. 竞争性目标　　　B. 成长性目标　　　C. 稳定性目标
   D. 发展性目标　　　E. 贡献性目标

30. 销售额与(　　)是成长性目标最重要的指标。
   A. 增长率　　　　　B. 产品品种及生产量　C. 利润额
   D. 资产总额　　　　E. 设备能力

31. 美国汽车大王亨利·福特曾宣称:"不管顾客需要什么颜色的汽车,我只生产黑色的。"这是( )的典型表现。

　　A. 产品理念　　　　　B. 生产理念　　　　　C. 推销理念
　　D. 市场营销理念　　　E. 战略理念

32. "只要产品好,不怕卖不掉;只要产品有特色,自然会顾客盈门",这说的是( )。

　　A. 产品理念　　　　　B. 生产理念　　　　　C. 推销理念
　　D. 市场营销理念　　　E. 社会市场营销理念

33. 信息时代对企业的基本要求是树立( )。

　　A. 创新理念　　　　　B. 效益理念　　　　　C. 信息化理念
　　D. 全球化理念　　　　E. 竞争理念

34. 社会市场营销理念产生于( )。

　　A. 20世纪20年代　　 B. 20世纪30年代　　 C. 20世纪50年代
　　D. 20世纪70年代　　 E. 21世纪

35. "哪里有消费者的需要,哪里就有我们的机会"和"一切为了顾客的需要"等口号是在( )的背景下提出来的。

　　A. 产品理念　　　　　B. 生产理念　　　　　C. 推销理念
　　D. 市场营销理念　　　E. 社会市场营销理念

36. 战略理念是指作为一个企业,要想在强手如林、竞争激烈的市场上站稳脚跟、谋求发展,首先必须要清楚( )是什么。

　　A. 消费者的需要　　　B. 企业赖以生存的核心能力
　　C. 社会的福利　　　　D. 环境的保护　　　　E. 竞争者的战略理念

37. "敢为人之不敢为,能为人之不能为"指的是企业的( )。

　　A. 大市场营销理念　　B. 竞争理念　　　　　C. 全球化理念
　　D. 改革开放理念　　　E. 创新理念

38. ( )是企业中最有价值的知识资本和知识产权。

　　A. 竞争理念　　　　　B. 效益理念　　　　　C. 创新理念
　　D. 品牌、形象理念　　E. 技术开发理念

二、多项选择能力训练

1. 企业宏观环境因素主要包括( )。

　　A. 政治环境　　　　　B. 法律环境　　　　　C. 技术环境
　　D. 文化环境　　　　　E. 自然环境

2. 反映一个国家经济发展水平的常用指标有( )。

　　A. 国民收入　　　　　B. 国民生产总值　　　C. 人均国民收入
　　D. 经济发展速度　　　E. 经济增长速度

3. 企业素质应包含( )等方面的内容。

　　A. 人员素质　　　　　B. 技术装备素质　　　C. 管理素质
　　D. 企业文化素质　　　E. 企业资产

4. 下列要素中属于企业形象的有( )。
   A. 漂亮的企业外观大楼　　B. 礼貌的企业员工　　　C. 雄厚的企业资金
   D. 良好的企业福利　　　　E. 企业的商品广告
5. 企业内部条件分析的内容主要有( )。
   A. 企业素质与企业活力分析　　　　B. 企业经济效益分析
   C. 企业的产品市场营销能力分析　　D. 企业资源分析
   E. 企业组织效能与管理现状分析
6. 企业与竞争者存在着( )的关系。
   A. 相互依存　　　　　　B. 相互争夺　　　　　C. 相互残杀
   D. 相互削弱经营能力　　E. 相互融合
7. 企业活力可以用企业的( )来表示。
   A. 竞争能力　　　　B. 生长能力　　　　　C. 凝聚能力
   D. 适应能力　　　　E. 获利能力
8. 企业经济效益的分类一般包括( )。
   A. 宏观经济效益　　B. 外部经济效益　　　C. 微观经济效益
   D. 直接经济效益　　E. 间接经济效益
9. 一般企业中主要包括的资源有( )。
   A. 技术资源　　　　B. 管理资源　　　　　C. 人力资源
   D. 物力资源　　　　E. 财力资源
10. SWOT分析方法,主要是对企业的( )进行分析的一种方法。
    A. 优势和劣势　　　B. 素质和活力　　　　C. 内部和外部
    D. 机会和威胁　　　E. 财力和技术
11. 我国零售业态的分类主要是依据零售业的选址、规模、( )等项目来确定的。
    A. 店堂设施　　　　B. 商品结构　　　　　C. 经营方式
    D. 服务功能　　　　E. 目标顾客
12. 设立超级市场一般将地址选在( )。
    A. 居民区　　　　　B. 百货公司内　　　　C. 交通要道
    D. 专卖店内　　　　E. 商业区
13. 特许经营具有的特征包括( )。
    A. 集资方便　　　　　B. 扩张速度快,成功率较低　　C. 增加流通费用
    D. 可以冲破区域壁垒　E. 国际化、集团化
14. 特许经营,按特许权授予方式分类有( )。
    A. 一般特许经营　　B. 委托特许经营　　　C. 发展特许经营
    D. 加盟特许经营　　E. 复合特许经营
15. 特许经营,按特许人与受许人身份分类有( )。
    A. 制造商和批发商之间的特许经营
    B. 制造商和零售商之间的特许经营
    C. 批发商和批发商之间的特许经营
    D. 批发商和零售商之间的特许经营

E. 零售商和零售商之间的特许经营

16. 业态选择基本策略定位时,下述策略在业态选择中不可忽视的有(　　)。
    A. 多元化经营　　　　　B. 扶持小型零售企业,发挥其拾遗补缺的功能
    C. 专业化经营　　　　　D. 联合发展　　　　　E. 合资、合作与合并

17. 连锁经营方式的形态有(　　)。
    A. 特许经营　　　　　B. 直营连锁　　　　　C. 特许加盟
    D. 连锁加盟　　　　　E. 自愿加盟

18. 我国主要零售业态的分类有(　　)。
    A. 超级市场　　　　　B. 大型综合超市　　　C. 菜场
    D. 百货店　　　　　　E. 购物中心

19. 连锁经营的基本特征体现在几个统一,即(　　)等。
    A. 统一企业识别系统　　B. 统一商品组合服务　C. 统一广告宣传
    D. 统一经营战略　　　　E. 统一价格

20. 根据国内贸易局的《零售业态分类规范意见(试行)》,零售业态的分类主要依据零售业的(　　)等项目来确定。
    A. 商品结构　　　　　B. 店堂设施　　　　　C. 目标顾客
    D. 服务功能　　　　　E. 选址

21. 企业经营目标具有(　　)的特点。
    A. 层次性　　　　　　B. 阶段性　　　　　　C. 可分解性
    D. 长远性　　　　　　E. 功效性

22. 企业经营目标的制定应遵循(　　)等原则。
    A. 关键性　　　　　　B. 可行性　　　　　　C. 定量化
    D. 激励性　　　　　　E. 一致性

23. 市场目标包括(　　),以及创造条件走向国际市场等。
    A. 新市场的开发　　　B. 传统市场的纵向渗透　C. 市场占有率的增长
    D. 企业在市场的形象　E. 企业在市场的知名度和美誉度

24. 利益目标是企业经营活动的内在动力,它表现为(　　)等。
    A. 企业追求的效益　　B. 企业实现的利润　　C. 企业创造的产值
    D. 职工的工资与奖金　E. 职工福利

25. 战术目标是战略目标的具体化,它具有的特点是(　　)。
    A. 实现的期限较短,反映企业的眼前利益
    B. 具有渐进性
    C. 具有可控性
    D. 其实现有一定的紧迫性
    E. 目标数量多

26. 战略目标的基本内容有(　　)。
    A. 长期性目标　　　　B. 增长性目标　　　　C. 成长性目标
    D. 稳定性目标　　　　E. 竞争性目标

27. 下列选项属于企业战略目标特点的有( )。
    A. 实现的时间较长,一般分阶段实行
    B. 对企业的生存和发展影响大
    C. 其实现有较大的难度和风险
    D. 战略目标的实现与过去无明显的变化
    E. 实现这一目标需要大量的费用开支

28. 稳定性目标的指标包括( )等。
    A. 经营安全率   B. 市场占有率   C. 利润率
    D. 利息率   E. 支付能力

29. 企业的整体目标包括( )。
    A. 劳动生产率目标   B. 社会经济目标   C. 人力资源目标
    D. 业务范围目标   E. 生产采购销售目标

30. 企业长期经营目标里不仅仅包括产品发展目标、市场竞争目标,更包括( )。
    A. 社会贡献目标   B. 员工素质能力发展目标   C. 材料利用及成本目标
    D. 职工福利待遇目标   E. 产品品种及生产量目标

31. 生产理念是在( )的背景下产生的。
    A. 产品供不应求   B. 产品堆积如山   C. 卖方市场
    D. 生产的发展不能满足需求的增长   E. 顾客上门求购商品

32. 传统经营理念指的是( )。
    A. 产品理念   B. 生产理念   C. 推销理念
    D. 市场营销理念   E. 社会市场营销理念

33. 现代经营理念指的是( )。
    A. 产品理念   B. 生产理念   C. 推销理念
    D. 市场营销理念   E. 社会市场营销理念

34. 现代企业应树立的创新理念有( )。
    A. 全球化理念   B. 改革、开放理念   C. 社会市场营销理念
    D. 全局理念   E. 应变理念

35. 传统经营理念和现代经营理念,在( )方面是完全不同的。
    A. 经营重点   B. 经营手段   C. 经营产品
    D. 经营目标   E. 经营目的

36. 社会市场营销理念不仅要以顾客为中心,以满足顾客的需求和欲望为出发点,而且要兼顾( )三方面利益。
    A. 社会   B. 产品   C. 企业自身
    D. 环境   E. 顾客

37. 企业树立效益理念就是要求企业把( )结合起来。
    A. 经济效益和社会效益   B. 整体利益和局部利益   C. 目前利益和长远利益
    D. 职工利益和社会利益   E. 产品利益和环境利益

38. 创新理念既包括创造新的产品,也包括创造新的( )。
    A. 目标市场   B. 经营方式   C. 管理思想

D. 制度　　　　　　　　E. 产品外观
　39. 竞争一定要以高于自己的对手为手段,以(　　)为目标。
　　A. 打败对手　　　B. 提高产品质量　　　C. 提高市场占有率
　　D. 增加产品花色品种　　E. 开辟新市场
　40. 企业应有竞争理念,竞争既是产品的竞争、服务的竞争,也是(　　)。
　　A. 市场的竞争　　　B. 人才的竞争　　　C. 客户的竞争
　　D. 技术的竞争　　　E. 管理的竞争

三、判断能力训练

1. 生产理念认为消费者不会去注意产品的细小特征。(　　)
2. 任何一个组织都需要一套经营理念,它可以在组织中发挥极大的效能。(　　)
3. 经营理念是传统的沿袭,它不需要创新。(　　)
4. 企业经营理念一定要随着外部和内部环境的变化而变化。(　　)
5. 企业应该树立全球化理念。(　　)
6. 战略理念是指作为一个企业,要想在强手如林、竞争激烈的市场上站稳脚跟、谋求发展,首先必须要清楚消费者的需要是什么。(　　)
7. 效益理念提倡有效地利用一切人力、物力、财力资源。(　　)
8. 因为人在管理过程中的主导地位,企业应树立人本人才理念。(　　)
9. 推销理念是在20世纪50年代末,社会产品日益丰富,花色品种不断增加,市场上许多产品开始供过于求,企业之间竞争加剧的背景下产生的。(　　)
10. 企业的经营环境分析仅包括外部环境分析和内部条件分析两种。(　　)
11. 青年团和妇联都属于我国的政治性团体。(　　)
12. 技术环境是属于企业的内部条件之一。(　　)
13. 企业微观环境是企业外部环境分析的核心。(　　)
14. 人口年龄结构的变化属于企业的文化环境范畴。(　　)
15. 企业素质可以作为评价企业内部条件的指标。(　　)
16. 企业外部环境是不可控因素,而内部条件则具有可控性。(　　)
17. 企业内部条件是指构成企业内部生产经营过程的各种要素的总和,它不能体现为企业总体的经营能力。(　　)
18. 宏观经济效益是指全社会的经济效益。(　　)
19. SWOT分析方法中的机会和威胁分析主要是针对企业外部环境的分析。(　　)
20. 大型百货商店的定位策略应定位于"全"。(　　)
21. 购物中心的定位策略应定位于"齐"。(　　)
22. 直营连锁的最大优势就在于其效率比较高,而其劣势在于总部对门店的控制能力较弱。(　　)
23. 无代理权的代理商以委托人名义进行的代理活动是无效的。(　　)
24. 代销简单地说就是商家代理销售商品的一种营销方式。(　　)

25. 特许经营其实质就是包括专利、商标等各种知识产权在内的无形资产由特许人有偿转让给受让人的一种方式。（　　）
26. 百货店一般要求规模大，营业面积要达到1 000平方米以上。（　　）
27. 专卖店的商品结构一般以著名品牌、大众品牌为主。（　　）
28. 经销就是指在一定时期和一定地区内将某种商品的专营权交给经销商，由经销商全权销售的商品销售方式。（　　）
29. 委托特许经营是指加盟者在购买特许经营权时也购买了在一定区域内再建分部的特许权。（　　）
30. 企业经营目标可以分为几个阶段来实现。（　　）
31. 经营目标的功效性可以起到激励人奋进、促进组织发展的显著作用。（　　）
32. 企业经营目标制定好后是不可以分解完成的。（　　）
33. 企业的发展目标不仅反映在生产能力的提高上，更应注重企业的发展后劲。（　　）
34. 企业经营目标在客观上制约着企业行为。（　　）
35. 经营目标的制定针对的是企业效益，跟激发全体职工的积极性关系不大。（　　）
36. 每个企业在不同的时期都有不同的经营目标。（　　）

专业运用能力训练

一、总结归纳能力训练

1. 如何进行企业经营环境的分析？

2. 试进行零售商业企业业态的选择。

3. 描述特许经营与连锁经营的业务及其特征。

4. 独家代理与包销有何区别?

5. 描述企业经营目标特点及体系。

6. 企业经营目标的类别及内容有哪些?

7. 企业现代经营理念有哪些?

8. 现代企业经营理念有何创新?

二、案例分析能力训练

1. 一场官司是否可以毁掉一个企业?

1997年3月31日,湖南常德中级人民法院判决,消费者陈某喝了三株口服液后导致死亡,由三株公司向死者家属赔偿29.8万元。一审判决后,法院在三株公司提出上诉的情况下,将一审判决结果主动寄往中央及地方一些新闻媒体,并向部分媒体提供"八瓶三株要了一条人命"的署名文章,全国十多个省市的二十多家报纸对此进行了报道或转载。

在这一年春节前,三株公司每个月有几个亿的销售收入,4月下旬开始,销售额急剧下滑,4—7月份4个月全面亏损,6 000多名工人放假回家,三株公司的库存产品按市场价格计算,已积压7亿元资金。1997年三株公司的销售额是70亿元,预计1998年不会超过20亿元。

三株问:有理何以行路难?

一问消费者,企业是一块大蛋糕,谁都可以咬上一口吗?

二问检测者,科学家的职业素质与道德是否还有"严谨"二字?三株吴某在接受中央台"经营有道"节目采访时说,美国的市场检测是最苛刻的,三株也能顺利通过,所以,我们对三株的质量绝对有信心,相信最高法院会有一个公正的判决。

三问常德中院,执法程序和部门职能是否还有"严谨"二字?三株公司认为,法院邀请新闻记者参加判决过程,主动提供新闻稿,并要求报道判决结果,令人生疑。

四问保健同行,恶性竞争还能恶到什么程度?1997年三株营销队伍曾达15万之众,有竞争对手派人混入其中,恶对顾客,造成极坏影响。

问三株:一场官司是否可以毁掉一个企业?

吴某自信地认为,三株拥有48亿元净资产,在银行有上亿元的储备资金,债权远远大于债务,任何人用任何手段都是整不垮三株的。

然而,对企业的生存和发展来说,究竟是资金重要还是形象重要?究竟是利润重要还是市场重要?企业应该如何应付类似的突发事件,处理好与消费者和社会公众的关系?这是每个企业家都要认真思考和谨慎对待的问题。

请分析:

(1)怎样理解企业、市场、消费者之间的关系?

(2)怎样处理好企业与社会环境(舆论、法制、竞争对手等)之间的关系?

2. 对独家代理的理解。

甲公司是一家专业生产X产品的公司,2017年甲公司与乙公司签订了一份"独家代理"协议,协议约定在A省范围内只能由乙公司经营甲公司生产的X产品,但年销售额须达到100万元以上,否则将得不到合同约定的销售额的10%的厂家返利。合同约定的销售方式是乙公司从甲公司进货,然后以自己名义在市场上出售X产品。

请分析:

(1)乙公司是独家代理甲公司的X产品吗?

(2)如果不是,那么乙公司与甲公司又是什么关系?

3. 东风汽车年度经营报告。

2017年东风汽车经营工作报告中指出,2009年,东风股份一方面受国家投资拉动和汽车下乡等有关政策促进,另一方面积极采取得力措施,有效克服了金融危机带来的不利影响,实现汽车销量207 658辆,同比增长21.6%,完成年度目标的112%,实现年中工作会提出的"激情跨越20万辆,向上市十周年献礼"的目标。轻卡、皮卡销量继续保持行业第二,客车底盘生产继续保持行业第一。

东风股份自上市以来已经完成了两个完整的五年计划,实现20万辆汽车产销规模。2010年,东风股份正式进入第三个完整的五年发展期,公司审时度势,挑战自我,跨越发展,全面实施公司第三个五年计划——"新315"事业计划:到2014年,即东风股份上市15周年之际,公司汽车产销突破50万辆,汽车产销年平均增幅19.2%。在"新315"事业计划的开局之年,东风股份2010年必达的经营目标是:汽车销量必达目标26.1万辆,挑战目标一是28万辆,挑战目标二是30万辆;发动机销量必达15.86万台。并通过采取"强力推进轻卡分品系营销战略、网点下沉与营销能力的提升"等15项措施,确保年度目标达成。

请分析:东风汽车年度经营报告中提到的2010年的经营目标属于哪种目标?

专业拓展能力训练

开发对企业经营环境的调研分析能力

活动目标

(1)巩固和强化对企业经营环境知识的理解及认知。
(2)锻炼并提高独立思考能力,知识转化能力,发现、分析及解决问题的能力。
(3)培养初步的调研分析能力。

内容与要求

(1) 由 5~8 个同学组成一个小组,选择一家本地知名企业,分析其经营理念和内外环境。

(2) 运用企业经营环境的相关知识,对该企业正面临的宏观或微观环境因素进行简要分析。

(3) 分析本组所在公司的经营环境,陈述本公司经营理念。

时间安排

讲授本任务结束的周末。

成果与检测

每组制定所选企业内外环境的调研分析计划。

根据调研计划进行实地调研或间接调研。

各组整理调研结果,写出一份报告并在班级交流、讨论。

由教师与学生对各组所交材料与交流中的表现进行评估打分。

 开发直营门店开业策划能力

活动目标

(1) 巩固和强化对连锁经营模式知识的理解及认知。

(2) 锻炼并提高独立思考能力,知识转化能力,发现、分析及解决问题的能力。

(3) 能写出连锁直营店开业指导策划方案,能对不同连锁经营模式进行对比分析。

内容与要求

(1) 由 5~8 个同学组成一个小组,运用互联网搜集 A 知名食品企业的相关资料,为该企业即将在本地设立连锁直营店设计一份开店指导策划方案。

(2) 各组运用互联网搜集已在当地开设了直营店并与 A 知名食品企业经营风格相近的另一家食品企业 B,对二者连锁经营模式进行对比分析。

时间安排

讲授本任务结束的周末。

成果与检测

(1) 各组制定所选 A 企业的开店指导策划方案。

(2) 各组根据 A 企业与 B 企业的资料,写出不同连锁经营模式对比分析报告。

(3) 各组把写出的开店策划方案和两种连锁经营模式的对比分析报告在班级汇报、交流、分享。

(4) 由教师总结、点评并与学生一起对各组所交材料及交流中的表现进行评估打分。

对某企业经营目标的调查

活动目标

(1) 巩固和强化对企业经营目标的理解及认知。

(2) 锻炼并提高独立思考能力,知识转化能力,发现、分析及解决问题的能力。

(3) 能正确评价拟调查企业经营目标方案的优劣。

内容与要求

(1) 由5~8个同学组成一个小组,调查当地一家知名企业的经营目标,利用所学知识,对该企业的经营目标体系进行可行性分析。

(2) 各组对该企业设置的经营目标内容进行优劣评价。

时间安排

讲授本任务结束的周末。

成果与检测

(1) 各组根据被调查企业的经营目标方案,写出分析评价报告。

(2) 各组把写出的分析报告在班级汇报、交流、分享。

(3) 由教师总结、点评并与学生一起对各组所交材料及交流中的表现进行评估打分。

  对某企业经营理念的讨论设想

活动目标

(1) 巩固和强化对企业经营理念的理解及认知。

(2) 锻炼并提高独立思考能力,知识转化能力,发现、分析及解决问题的能力。

(3) 能分析评价拟调查企业的经营理念。

内容与要求

(1) 由5~8个同学组成一个小组,以座谈会或深度面谈形式,调查某一企业经营理念的演变历程。

(2) 各组对该企业现在的定位及未来的发展开展创新活动讨论。

时间安排

讲授本任务结束的周末。

成果与检测

(1) 每位同学根据调查结果,撰写访问报告及心得体会,各组选出优秀者。

(2) 各组把选出的优秀者写出的评价报告在班级汇报、交流、分享。

(3) 由教师总结、点评并与学生一起对各组所交材料及交流中的表现进行评估打分。

模块三

企业经营管理基本认知

知识认知能力训练

一、单项选择能力训练

1. 按照人本原理的观点,现代管理的核心是( )。
   A. 人是管理的主体　　　　　　　　B. 有效管理的关键是员工参与
   C. 使人性得到最完美的发展　　　　D. 管理是为人服务的
2. 在现代管理中,( )是管理的主体。
   A. 人　　　　　B. 财　　　　　C. 物　　　　　D. 信息
3. "一招不慎满盘皆输"体现了( )。
   A. 系统原理　　　B. 人本原理　　　C. 弹性原理　　　D. 能级原理
4. 人本管理中人的假设是( )。
   A. 自然人　　　　B. 管理人　　　　C. 经济人　　　　D. 社会人
5. 在某咨询公司举行的领导技能培训班上,学员们就如何调动员工积极性的问题展开了热烈讨论,最后归纳出以下四种主张。假设这些主张在操作上都没有什么困难,操作成本也没有明显差异,那么应成为首选的是( )。
   A. 通过举办员工之家,定期或不定期地开展各种娱乐活动,增强凝聚力
   B. 从了解与关心员工需要入手,努力激发员工的主人翁责任感,使其做好本职工作
   C. 通过表扬先进员工,树立学习榜样,激发员工的上进心,创造优异业绩
   D. 通过批评后进员工,给其他员工提供警示作用,促使其增强工作责任心
6. 系统最基本的特征是( )。
   A. 集合性　　　　B. 层次性　　　　C. 相关性　　　　D. 操作性
7. 责任原理要求( )。
   A. 权利尽可能集中,管理者必须加强对企业的控制
   B. 明确每个人的职责
   C. 职位设计和权限委授要合理
   D. 管理者要尽可能授予下属权利,以激发积极性

E. 奖惩要分明、公正而及时

8. 下面不是人本管理观点的是（　　）。
   A. 职工是企业的主体
   B. 人是"经济人"，所以要给予足够的物质激励，就能让他为企业卖力
   C. 职工参与是有效管理的关键
   D. 服务于人是管理的根本目的
   E. 组织中存在非正式组织，对此管理者要给予压制

9. 职责和权限、利益、能力之间的关系遵循等边三角形定理，（　　）是三角形的三条边，它们是相等的。
   A. 权限、利益、能力　　　　　　B. 职责、权限、利益
   C. 职责、权限、能力　　　　　　D. 职责、利益、能力

10. "三个和尚没水喝"说的是，人浮于事可能反而不如人少好办事。但是反过来，如果"三个和尚"都很负责，结果也许会造成"水满为患"。这两种不同的说法表明（　　）。
    A. 管理工作的有效性需要考虑内外部环境各部分的整体效应
    B. 即使管理无方，人多还是比人少好办事
    C. 在不同的心态作用下会产生不同的群体合作结果
    D. 纵使管理有方，也不一定是人多好办事

11. 以下不属于管理职能的是（　　）。
    A. 组织活动　　　　　　　　　　B. 控制活动
    C. 有效获取资源　　　　　　　　D. 计划与决策

12. 管理人员在事故发生之前就采取有效的预防措施，防患于未然，这样的控制活动，是控制的最高境界，即（　　）。
    A. 现场控制　　B. 前馈控制　　C. 即时控制　　D. 后馈控制

13. 管理者对企业未来生产经营活动所做出的预先安排和筹划，这属于（　　）。
    A. 计划职能　　B. 组织职能　　C. 指挥职能　　D. 控制职能

14. 古人云："运筹于帷幄之中，决胜于千里之外。"这里的"运筹帷幄"反映了管理的（　　）。
    A. 计划职能　　B. 组织职能　　C. 领导职能　　D. 控制职能

15. 领导的作用主要是（　　）。
    A. 指挥、协调和激励　　　　　　B. 领导、协调和激励
    C. 引导、协调和激励　　　　　　D. 带领、协调和激励

16. 生产主管在生产现场发现一个工人没有按照作业规范操作，他立即上前制止。这种控制方式属于（　　）。
    A. 现场控制　　B. 直接控制　　C. 预先控制　　D. 间接控制

17. 战略计划是由（　　）制定的。
    A. 科室主任　　B. 基层人员　　C. 中层管理者　　D. 高层管理者

18. 在管理学中，组织工作这一概念应被理解为（　　）。
    A. 协作关系　　B. 人员群体　　C. 组织机构　　D. 管理职能之一

19. （　　）是作用于管理各层次的重要管理职能。
    A. 计划　　　　B. 组织　　　　C. 领导　　　　D. 控制
20. 在控制的基本过程中，衡量绩效主要解决的问题是（　　）。
    A. 衡量什么　　B. 制定标准　　C. 如何衡量　　D. A 和 C
21. 依靠管理机构和管理者的权力，运用带有强制性的指令性计划、命令、指示、规定以及规章制度等方式，直接对管理对象发生影响和作用的管理方法，被称为（　　）。
    A. 法律方法　　B. 经济方法　　C. 行政方法　　D. 教育方法
22. 利益性是（　　）最重要的特点。
    A. 法律方法　　B. 经济方法　　C. 行政方法　　D. 教育方法
23. （　　）是行政方法和法律方法都具备的特点。
    A. 权威性　　　B. 规范性　　　C. 概括性　　　D. 强制性
24. 建立在权威与服从关系基础上，表现为一种权利支配关系的是（　　）。
    A. 法律方法　　B. 经济方法　　C. 行政方法　　D. 心理方法
25. 法律方法的最主要特征是（　　）。
    A. 强制性　　　B. 可预测性　　C. 概括性　　　D. 稳定性
26. 一旦其他管理方法遇到困难或失败，能够被用来作为补充方法或救济方法的是（　　）。
    A. 经济方法　　B. 法律方法　　C. 社会心理方法　　D. 行政方法
27. 具有艺术性的管理方法是（　　）。
    A. 经济方法　　B. 法律方法　　C. 社会心理方法　　D. 行政方法
28. 管理中，行政方法的运用，一般是（　　）。
    A. 自上而下　　B. 自下而上　　C. 横向　　　　D. 纵横结合
29. 下列管理方法中，客观性与精确性最强的是（　　）。
    A. 法律方法　　B. 经济方法　　C. 技术方法　　D. 行政方法
30. 某企业为了建设企业文化，组织员工去天安门广场观看升国旗、唱国歌，这属于管理的（　　）方法。
    A. 法律　　　　B. 行政　　　　C. 教育　　　　D. 技术
31. 1912 年，经济学家熊彼特提出"创新"理论，"创新"一词逐步成为一个（　　）专用名词。
    A. 社会学　　　B. 经济学　　　C. 管理学　　　D. 商品学
32. 创新活动的基础和开端是（　　）。
    A. 概念创新　　B. 制度创新　　C. 产品创新　　D. 技术创新
33. 制度创新需要从（　　）角度来分析企业系统中各成员间的正式关系的调整和变革。
    A. 社会经济　　B. 技术　　　　C. 社会变化　　D. 组织结构
34. 熊彼特认为，创新的目的是（　　）。
    A. 获得新的生产方法　　　　　　B. 挖掘市场潜能
    C. 获取潜在的利润　　　　　　　D. 创新组织管理

35. 企业创新的经验表明,企业创新的核心活动是( )。
    A. 管理创新　　　B. 制度创新　　　C. 产品创新　　　D. 工艺创新
36. 创新活动的源泉是( )。
    A. 员工　　　　　B. 管理者　　　　C. 企业家　　　　D. 家属
37. ( )属于经济范畴。
    A. 知识创新　　　B. 技术创新　　　C. 结构创新　　　D. 环境创新
38. 创新过程的第一步是( )。
    A. 寻找机会　　　B. 技术创新　　　C. 提出构想　　　D. 迅速行动

二、多项选择能力训练

1. 管理的基本原理包括( )。
    A. 人本原理　　　B. 激励原理　　　C. 可持续发展原理
    D. 系统原理　　　E. 效益原理
2. 下列属于人本原理主要内容的有( )。
    A. 人是管理的主体
    B. 有效管理的关键是员工参与
    C. 现代管理的核心是使人性得到最完美的发展
    D. 人与自然的和谐统一
    E. 管理是为人服务的
3. 下列观点属于系统原理的有( )。
    A. 整体性原理　　B. 动态性原理　　C. 责任原理　　　D. 开放性原理
4. 管理原理的基本特征有( )。
    A. 客观性　　　　B. 普遍性　　　　C. 稳定性　　　　D. 系统性
5. 系统的特征有( )。
    A. 客观性　　　　B. 集合性　　　　C. 层次性
    D. 相关性　　　　E. 稳定性
6. 系统从组成要素的性质来看,可划分为( )。
    A. 自然系统和人造系统　　　　　　B. 生产系统和交通系统
    C. 生态系统和气象系统　　　　　　D. 研究开发子系统和生产子系统
7. 责任原理的主要观点是( )。
    A. 明确每个人的职责　　　　　　　B. 职位设计和权限委授要合理
    C. 奖惩要分明、公正而及时　　　　D. 权力集中
8. 一个人对所管的工作能否做到完全负责,基本上取决于( )因素。
    A. 权限　　　　　B. 利益　　　　　C. 能力　　　　　D. 范围
9. 挖掘人的潜能的最好办法是明确每个人的职责,这主要体现在( )。
    A. 职责界限要清楚
    B. 职责中要包括横向联系的内容

C. 职责一定要落实到每个人,只有这样,才能做到事事有人负责
10. 一个系统要成立,必须具备的条件有( )。
    A. 由两个以上的要素组成
    B. 要素之间存在相互联系和作用
    C. 系统整体具有确定的功能
    D. 系统具有目的性、整体性、相关性及层次性
11. 管理的职能有( )。
    A. 组织职能   B. 指挥职能   C. 协调职能   D. 控制职能
12. 计划工作具体内容包括( )。
    A. 做什么   B. 何时做   C. 何地做   D. 如何控制
13. 不属于计划工作基本性质的有( )。
    A. 首位性   B. 目的性   C. 普遍性   D. 控制性
14. 控制职能的基本环节包括( )。
    A. 发现问题   B. 确定标准   C. 衡量绩效   D. 纠正偏差
15. 控制的基本类型有( )。
    A. 前馈控制   B. 现场控制   C. 反馈控制   D. 实时控制
16. 领导者的权力包括( )。
    A. 强制权   B. 法定权   C. 感召权   D. 行使权
17. 传统的组织设计原则有( )。
    A. 任务目标原则   B. 统一指挥原则
    C. 有效幅度原则   D. 集权与分权相结合原则
18. 根据计划对企业经营影响范围和影响程度的不同可将计划划分为( )。
    A. 战略计划   B. 管理计划   C. 作业计划   D. 销售计划
19. 根据计划跨越的时间间隔可将计划划分为( )。
    A. 长期计划   B. 中期计划   C. 短期计划   D. 作业计划
20. 组织的含义包括( )。
    A. 各种各样的社团   B. 组织行为、组织活动过程
    C. 组织结构   D. 企事业单位
21. 与其他方法相比,管理的经济方法的特点有( )。
    A. 利益性   B. 关联性   C. 灵活性
    D. 技术性   E. 平等性
22. 管理的法律方法的特点有( )。
    A. 概括性   B. 规范性   C. 强制性
    D. 稳定性   E. 针对性
23. 法律方法的正确运用包括( )。
    A. 大力提高人们的法制观念
    B. 注意对各种法律法规的综合运用
    C. 注意培养和使用法律人才

24. 管理的行政方法的特点有( )。
    A. 利益性   B. 引导性   C. 层次性
    D. 强制性   E. 权威性
25. 管理方法一般分为( )。
    A. 管理的法律方法   B. 管理的经济方法
    C. 管理的行政方法   D. 管理的教育方法
26. 管理中典型的经济方法包括( )。
    A. 价格   B. 税收   C. 信贷
    D. 工资   E. 奖金
27. 行政方法的作用有( )。
    A. 有利于组织内部统一目标、统一意志
    B. 行政方法便于处理特殊问题
    C. 可以强化管理作用,便于发挥管理职能
    D. 行政方法是实施其他各种管理方法的必要手段
28. 技术方法的特点有( )。
    A. 客观性   B. 规律性   C. 精确性   D. 动态性
29. 技术方法的正确运用包括( )。
    A. 技术不是万能的   B. 多种管理方法结合
    C. 使用技术方法有一定的前提   D. 技术是万能的
30. 教育的主要内容包括( )。
    A. 人生观的培养和道德教育   B. 爱国主义和集体主义教育
    C. 民主、法制、纪律教育   D. 科学文化教育
    E. 组织文化建设
31. 技术创新的内容包括( )。
    A. 产品创新   B. 工艺创新
    C. 材料创新   D. 工具和设备创新
32. 创新的特征有( )。
    A. 不确定性   B. 保护性和破坏性
    C. 必然性和偶然性   D. 被排斥性
33. 创新的作用有( )。
    A. 创新可以提高企业的竞争实力   B. 创新为企业的长期发展提供动力
    C. 自主创新是企业的根本   D. 创新可以改变产品的性能
34. 创新的过程包括( )。
    A. 寻找机会   B. 提出设想   C. 迅速行动   D. 坚持不懈
35. 创新的基本内容包括( )。
    A. 观念创新   B. 目标创新   C. 技术创新
    D. 制度创新   E. 环境创新   F. 文化创新
36. 创新的主体包括( )。
    A. 全体员工是创新活动的源泉

B. 管理者是管理创新的中坚力量
C. 管理专家和研究机构是管理创新的辅助力量
D. 创新型企业家是管理创新的关键

37. 创新的不确定性主要表现在( )。
    A. 市场的不确定性　　　　　　　B. 技术的不确定性
    C. 战略的不确定性　　　　　　　D. 产品的不确定性
38. 就企业外部而言,有可能成为创新契机的变化主要有( )。
    A. 技术的变化　　　　　　　　　B. 人口的变化
    C. 宏观经济环境的变化　　　　　D. 文化与价值观念的转变

三、判断能力训练

1. 管理原理和管理原则基本没什么区别,可以等同。( )
2. 管理原理是具有普遍指导意义的结论,因此不用因时、因地、因事而变。( )
3. 管理责任原理认为服务于人是管理的根本目的。( )
4. 管理人本原理认为现代管理的核心是使人性得到最完美的发展。( )
5. 人本管理中人的假设是经济人。( )
6. 人本管理认为有效管理的关键是职工参与,也就是要适度分权,民主治厂,使企业全体职工为了共同的目标而自觉努力奋斗。( )
7. 人与自然的和谐统一是责任原理的核心观点。( )
8. 管理要有开发的观点,像营销中的创造需求就是一种体现。( )
9. 责任原理是指管理工作必须在合理分工的基础上,明确规定各级部门和个人必须完成的工作任务和承担的相应责任。( )
10. 明确每个人的职责是责任原理的主要观点之一。( )
11. 计划是管理的首要职能。( )
12. 管理的职能最早是由法约尔提出的。( )
13. 领导即领导者。( )
14. 领导是管理的首要职能。( )
15. 前馈控制具有防御性。( )
16. 反馈控制也称事后控制,所以作用不大。( )
17. 控制的目的是提高效益,所以会得到所有员工的支持。( )
18. 领导的权利越大,其控制的幅度就越大。( )
19. 计划的核心是决策。( )
20. 领导者有指挥、协调的作用。( )
21. 法律方法的缺点是横向沟通困难。( )
22. 管理行政方法的优点不包括便于分权。( )
23. 管理的经济方法优于行政方法。( )
24. 某公司新近从基层提拔了一批管理人员担任中层管理工作,上岗之前,公司要对其

进行培训,培训的重点应该放在帮助他们完成管理角色的转变。( )

25. 每个企业都应该选择一种最适合自己的管理方法。( )

26. 多劳多得、经济方法是不承认平等性的。( )

27. 罚款是一种很好的经济约束,企业应该多使用这种方法。( )

28. 行政方法的运用有助于企业内部统一目标。( )

29. 技术方法的精确性是指只要基础数据是正确无误的,由技术方法产生的结果就是精确的。( )

30. 组织文化是组织员工在较长时期的生产经营实践中逐步形成的共有价值观、信念、行为准则以及具有相应特色的行为方式、物质表现的总称。( )

31. 技术创新就是技术发明。( )

32. 技术创新是人类财富之源,是经济发展的巨大动力。( )

33. 环境创新是指企业为适应外界变化而调整内部结构或行动。( )

34. 技术创新是指不断开发新产品,不断提供新服务。( )

35. 制度创新是从社会经济角度来分析企业系统中各成员间的正式关系的调整和变革。( )

36. 自主创新是企业的根本。( )

37. 发明就是创新。( )

38. 管理者是创新的中坚力量。( )

39. 概念创新、技术创新和目标创新都属于创新的内容。( )

40. 技术创新主要是产品的创新、工艺的创新及管理方式的创新。( )

专业运用能力训练

一、总结归纳能力训练

1. 描述人本原理、系统原理和责任原理的内容。

2. 根据责任原理,分析企业管理中权、责、利三者的关系。

3. 描述企业经营管理基本职能的含义。

4. 简述计划职能的特征及作用。

5. 管理的法律方法的特点和作用有哪些？

6. 如何正确应用管理的经济方法？

7. 创新有何特征？其作用是什么？

8. 创新的基本内容有哪些?

二、案例分析能力训练

1. 在一个管理经验交流会上,有两个企业的经理分别论述了他们各自对如何进行有效管理的看法。

A 经理认为,企业首要的资产是员工,只有员工们都把企业当成自己的家,都把个人的命运与企业的命运紧密联系在一起,才能充分发挥他们的智慧和力量为企业服务。因此,管理者有什么问题,都应该与员工们商量解决;平时要十分注重对员工需求的分析,有针对性地给员工提供学习、娱乐的机会和条件;每月的黑板报上应公布当月过生日的员工的姓名,并祝他们生日快乐;如果哪位员工生儿育女了,企业应派车接送,经理应亲自送上贺礼。在 A 经理的企业里,员工们都普遍地把企业当作自己的家,全心全意为企业服务,企业日益兴旺发达。

B 经理则认为,只有实行严格的管理才能保证企业目标的实现。因此,企业要制定严格的规章制度和岗位责任制,建立严格的控制体系;注重上岗培训;实行计件工资制;等等。在 B 经理的企业里,员工们都非常注意遵守规章制度,努力工作以完成任务,企业发展迅速。

请分析:这两个经理谁的观点正确?为什么?

2. 设备部经理王某吩咐领班刘某带一班人马去安装一套新的燃气系统,而在使用后这套系统却出现渗漏燃气的现象。王某的上司认为,王某必须对此负责,哪怕系统安装的时候王某正出差在外。同样,王某认为刘某必须对此负责,哪怕刘某从来不亲自安装。

问题:作为管理人员,王某和刘某为什么要对这一失误负责?他们究竟该负什么责任?

3. 如果要问谁是美国公司中的顶尖总裁,商业学校的教授通常会提到埃默森电气公司的主席和执行总裁——查尔斯·F.奈特。华盛顿大学中的 Johm. M. Olin 商学院院长斯图尔特·I.戈林鲍姆认为:"奈特是管理这件美妙事情中的舵手。"

作为一家电动机和风扇制造厂,埃默森电气公司于1890年建立于密苏里州的圣路易斯。和多数美国人一样,圣路易斯的人对电持有怀疑的态度,因为它看起来像是一种危险且不可靠的能源。随着公司逐步成长,生产线从电动机扩增到缝纫机、自动演奏的机械钢琴和电吹风等新产品。埃默森第一笔成功的大型交易商品就是风扇。

在奈特的领导下,埃默森发展成为一家卓越的全球性企业,在电信、电子、供暖、通风装置和空调以及程序控制等领域制造出许多先进的技术产品。

奈特把他的部分成功归于其前任沃莱斯·皮尔森。奈特接任的时候,皮尔森作为埃默森最高层的决策者已经在任19年了。奈特认为皮尔森向他灌输了一些基本的管理思想,特别是在连续的成本削减和广泛听取员工意见等方面。以这些思想为指导,奈特以每年削减7%的成本为目标,并且定期召开与员工的交流会。奈特认为正是这些原则使得公司从皮尔森在任开始连续42年保持高速增长。

奈特认为自己从父亲那儿学会了为自己制定高目标。父亲成功地在芝加哥经营一家咨询公司。为了让儿子明白工作的价值并促使其独立,父亲总是把儿子送到很远的地方去从事体力劳动,有一次还把他送到德国的一家器械和染料店。

奈特在少年时代所受的这些教育使他懂得怎样对员工设立高标准并进行严密的运营管理,不过,他善变的脾气也给员工造成了一定的困扰。公司里流传着许多奈特骂人和摔门的小道消息。埃默森的行政主管苏特说:"他像钉子一样强硬并且要求很高,但都是针对商务上的问题而并不针对个人。"苏特还记得奈特斥责一位工作失误的经理的情景,"但是不一会儿他就揽住经理的肩膀鼓励他"。

奈特在64岁的时候决定在不久的将来卸任。在过去的三年内,他和埃默森的董事会一直在寻找一个接任者。奈特认为这个寻找的过程总要比接任的人更重要。他也并不着急,因为"董事会并没有对我施加压力"。随着公司收入的持续增长,董事会也确实不可能对其施加压力。

请分析:

(1) 你认为这个案例说明了哪些问题?

(2) 奈特的管理方法有什么不妥之处?他应该在哪些方面加以改进?

4. 海尔市场创新管理三部曲。

第一步:提出市场创新理念:自己做个蛋糕自己吃。

面对中国家电市场的激烈竞争,张瑞敏没有选择死拼硬杀,而是另辟蹊径,谋求智赢。他提出了市场创新理念:"创造需求,引导消费""自己做个蛋糕自己吃""只有疲软的产品,没有疲软的市场""只有淡季思想,没有淡季市场""顾客的难题就是开发的课题"……

但是抽象的理念并非每一个人都能理解,通过教育可以直接接受理念的员工毕竟是少数,将抽象的理念形象化、故事化,员工更容易接受。基于这种认识,海尔及时抓住每一个能代表或诠释理念的行为与事件进行宣传,收到了极好的效果。其中较为典型的就是"大地瓜洗衣机"的开发。

第二步:大地瓜洗衣机事件。

一位海尔的客户突发奇想:"洗衣机既然能洗衣服,为什么不能洗地瓜呢?"于是就用洗衣机洗起地瓜来。没想到地瓜还真的洗干净了,但是洗衣机却不转了。海尔的一位维修人员把洗衣机修好后,回到办事处把这件事当成笑话讲。办事处主任却因此受到启发:"为什么不能开发既能洗衣服又能洗地瓜的洗衣机?"他把这一市场信号和自己的想法尽快向本部回报。本部经研究,马上决定:"三天之内设计出图纸,半个月之内投放市场。"半月后,"海尔大地瓜洗衣机"闪亮登场,马上形成了抢购热潮。从此,"大地瓜洗衣机"的故事流传开来,成为"自己做个蛋糕自己吃""创造需求、引导消费"等理念的最好注脚。在一次全国经济工作会议上,在谈到关于市场问题时,专门讲到海尔的"大地瓜洗衣机"案例,更使这一故事具有了传奇色彩。

第三步:建立产品开发与市场一体化的保证体系。

记者在听了海尔"平均每天三个专利、一个新产品问世,而且大部分成活"的汇报之后,问了张瑞敏一个问题:电子工业部下属的很多企业,技术水平和科研手段都比海尔高出许多,为什么在产品开发上却不如海尔呢? 张瑞敏回答:因为他们的技术太先进,先进到市场不需要的程度了。

在产品开发与市场上,许多企业存在着极不协调的现象:产品开发人员热衷于"闭门造车"搞开发,销售人员对销售却不感兴趣。两个部门好像互不相关的两驾马车。原因很简单:产品开发人员按照"我能开发什么就开发什么"的思路去开发,开发出来的产品市场不需要;销路不好,销售人员付出双倍努力却拿不到相应报酬,当然没有积极性。

海尔则是另一番景象:产品开发人员走出设计室,主动到市场上做调查,主动与营销人员沟通,了解客户难题,根据客户难题申请产品开发课题,进行新产品的开发研制;因为新产品能解决客户难题,深受客户欢迎,销售人员积极性高涨,市场得以迅速扩张……这不仅仅是靠理念的引导,也有利益的吸引。在先进理念指导下,海尔推出了一整套制度:产品开发项目管理制、成活产品技术入股分红奖励制……按照这种制度,开发人员根据有关信息,做新产品开发立项申请,一经立项,可以预借开发经费,开发人员则以技术入股方式在所开发的产品中享有分红权。正是这样一种利益的吸引,这样一种机制,保证了海尔新产品层出不穷:"削土豆皮洗衣机""小小神童洗衣机""彩色冰箱"、适应西部开发的"沙漠型空调器",以及适应恶劣环境的"耐热""耐冷"空调器……在开发人员、营销人员得到利益的同时,"创造需求,引导消费""自己做个蛋糕自己吃"等理念得到更牢固的树立。

请分析：
（1）海尔市场创新成功的原因是什么？
（2）海尔市场创新的做法给我们哪些启示？

专业拓展能力训练

管理原理分析

活动目标
（1）增强对现代管理原则的感性认识。
（2）培养对组织管理思想的分析能力。

内容与要求
（1）从网上、报纸、杂志中，收集一个简短的有关我国企业管理的案例或资料。
（2）运用本章所学的管理原理，分析案例中企业的管理思想。

时间安排
讲授本任务结束的周末。

成果与检测
（1）每人写一份简要书面分析报告。
（2）在班级组织一次交流与讨论。
（3）由教师根据分析报告与讨论表现评估打分，两项成绩共同构成学生的实训成绩。

编制预算方案

活动目标
(1) 巩固和强化对企业经营管理知识的理解及认知。
(2) 培养预算控制的能力。

内容与要求
班级组织一次座谈会,5~8人分为一组,需购置水果、饮料、小吃、奖品、用具、装饰品等,为了使活动丰富多彩又节约,请你根据有关产品的市场价格和活动设计情况,做出本次活动的开支预算方案并进行解释。

时间安排
讲授本任务结束的业余活动时间。

成果与检验
(1) 在下一次课上,由小组代表演示,并加以分析。
(2) 由教师根据每组的发言情况及预算方案进行评估打分。

模块四

企业经营管理要素认知

知识认知能力训练

一、单项选择能力训练

1. 现代企业的经营者一般是企业的(　　)。
   A. 董事会　　　B. 股东会　　　C. 经理　　　D. 董事长
2. 企业经营权的核心是(　　)。
   A. 决策权　　　B. 控制权　　　C. 产权　　　D. 盈亏权
3. 企业经营活动实际上是指企业经营对象的(　　)。
   A. 经济活动　　B. 内容　　　　C. 经济利益　　D. 投入产出
4. 制造企业最基本的经营活动是(　　)。
   A. 销售活动　　　　　　　　　　B. 财务活动
   C. 人力资源开发活动　　　　　　D. 生产活动
5. 在企业的所有经营活动中,被称为运转"血液"的是(　　)。
   A. 生产活动　　B. 营销活动　　C. 供应活动　　D. 财务活动
6. 根据决策主体的标准,可以将决策分为(　　)。
   A. 集体决策与个人决策　　　　　B. 经验决策与科学决策
   C. 初始决策与改善决策　　　　　D. 生产决策与营销决策
7. 企业可以借助(　　)进行资源种类采购决策。
   A. 采购物品分类模块　　　　　　B. 经济批量
   C. 供应市场结构　　　　　　　　D. 供应风险
8. 企业 CI 活动的核心是(　　)。
   A. 行为识别(BI)　　　　　　　　B. 理念识别(MI)
   C. 视觉识别(VI)　　　　　　　　D. 以上都不是
9. 单位产品得到的销售收入减去变动费用后的剩余称为(　　)。
   A. 利润率　　　B. 边际贡献　　C. 税前利润　　D. 固定费用

10. 利用静态分析法进行投资决策时,对于缺乏资金的工业企业或不确定性显著、风险较大的投资方案,较好的评价方法是(　　)。
　　A. 净收益法　　　B. 净现值法　　　C. 投资回收期法　　D. 投资收益率法

11. 准时生产 JIT 的目标是(　　)。
　　A. 节约装配时间,减少装配中可能出现的问题
　　B. 通过产品的合理设计,使产品易生产
　　C. 彻底消除无效劳动造成的浪费
　　D. 有效地利用各种生产资源

12. 不符合拉动式生产物流管理原理的是(　　)。
　　A. 在必要的时间将必要数量的物料送到必要的地点
　　B. 将必要的生产工具、工位器具按位置摆放并挂牌明示,保持现场无杂物
　　C. 根据后道工序的需要确定投入和产出
　　D. 重视库存的重要作用,防止缺料造成生产停顿

13. 看板使用的规则之一是只生产(　　)需要的工件数量。
　　A. 后道工序　　　B. 前道工序　　　C. 加工工序　　　D. 毛坯工序

14. 敏捷制造的一种组织形式是(　　)。
　　A. 第三方物流　　B. 虚拟企业　　　C. 第四方物流　　D. 纵向一体化企业

15. (　　)是指运用多种现代管理方法和手段,以社会需要为依据,以充分发挥人的主观能动性为根本,以彻底消除无效劳动和浪费为目标,最大限度地为企业谋取经济效益的生产方式。
　　A. CIMS　　　　　B. JIT　　　　　C. ERP　　　　　D. LP

16. 缓冲在制品又称(　　),是为防止前后工序因加工时间的变异性和不匹配性可能造成的生产中断而设立的,其作用是使生产过程保持均衡稳定。
　　A. 周转在制品　　B. 运输在制品　　C. 安全在制品　　D. 保险在制品

17. 准时生产 JIT 强调(　　)的意义。
　　A. 不发生任何延误　　　　　　　　B. 零库存生产
　　C. 零资金占用　　　　　　　　　　D. 安全库存

18. (　　)不属于衡量企业物流质量的主要因素。
　　A. 物流时间　　　B. 物流成本　　　C. 物流效率　　　D. 物流网络

19. 企业物流追求的是(　　)。
　　A. 单个物流功能的最优　　　　　　B. 局部物流最优
　　C. 物流时间最短　　　　　　　　　D. 实现企业整体最优

20. 科学合理地设计和构建物流系统的组织机构,是物流系统正常运行及物流实施系统管理的前提和基础,现代物流的首要环节是(　　)。
　　A. 组织调度　　　B. 组织管理　　　C. 组织控制　　　D. 组织协调

21. 生产管理的目的是建立一个高效率的生产制造系统,为企业制造(　　)的产品。
　　A. 有效益　　　　B. 高质量　　　　C. 有竞争力　　　D. 有需求

22. 生产管理是关于企业生产系统的(　　)、运行与改进工作的总称。
　　A. 计划　　　　　B. 组织　　　　　C. 控制　　　　　D. 设计

23. 按产品专业化组成的生产单位其主要缺点之一是对产品变化的( )比较差。
    A. 生产能力　　　B. 应变能力　　　C. 竞争能力　　　D. 查定能力
24. 构成企业生产过程的最基本单位是( )。
    A. 班组　　　　　B. 工作地　　　　C. 工序　　　　　D. 工步
25. 流水线作业指示图表是根据流水线的( )和工序时间定额来制定的。
    A. 类型　　　　　B. 工作量　　　　C. 节拍　　　　　D. 长度
26. 在大量流水加工生产中,确定各车间生产任务的方法有( )和订货点法。
    A. 生产提前期法　B. 生产周期法　　C. 在制品定额法　D. 以期定量法
27. 在生产任务稳定的条件下,日产量不变,则批量与生产间隔期成( )关系。
    A. 反比　　　　　B. 正比　　　　　C. 相等　　　　　D. 不等
28. 生产提前期是以生产周期和生产间隔期为参数,以成品的( )作为计算基准,按产品工艺过程的相反顺序计算的。
    A. 投产日期　　　B. 出产日期　　　C. 投料日期　　　D. 销售日期
29. 对生产活动实施控制,主要是运用控制论中负反馈控制的( )原理和前馈控制的预防性原理,两者的作用都是为了把系统的输出量控制在预定的目标范围内。
    A. 稳定性　　　　B. 分散性　　　　C. 灵活性　　　　D. 模拟性
30. 在企业实际生产进度控制中,制定控制措施与实施的职能由( )部门一家承担。
    A. 生产技术　　　B. 工艺　　　　　C. 生产调度　　　D. 设计
31. 大量的生产实践表明,影响流水线生产进度的关键因素是( )。
    A. 工人的积极性　　　　　　　　　B. 劳动组织
    C. 设备　　　　　　　　　　　　　D. 产品结构
32. 生产管理发展的规律是首先要确定自己的( )定位,明确自己应该向市场提供怎样的产品;其次需要考虑采用怎样的生产组织形式和技术手段制造产品。
    A. 市场　　　　　B. 自身　　　　　C. 策略　　　　　D. 战略
33. 产品加工工艺是关系到( )、生产效率和生产成本的重要因素。
    A. 产品功能　　　B. 产品质量　　　C. 产品销路　　　D. 产品需求
34. 流水线生产方式是一种效率很高的制造流程,它适用于产品品种( )、生产量大而稳定的企业。
    A. 繁多　　　　　B. 单一　　　　　C. 复杂　　　　　D. 简单
35. 按工艺专业化组成的生产单位,其主要缺点之一是( )。
    A. 生产周期长　　　　　　　　　　B. 车间管理简单
    C. 不便于工人之间提高技术水平　　D. 对产品变化的应变能力差
36. 企业生产过程的组织工作的对象是包括厂房、设备、产品在内的物体,它必须与( )结合起来,才能组织起一个完整的生产系统。
    A. 劳动过程　　　B. 沟通过程　　　C. 实验过程　　　D. 开发过程
37. 对需求稳定的企业来说,进度计划比较简单,可以按生产( )平均安排进度计划。
    A. 日历日数　　　B. 工作日　　　　C. 停工日数　　　D. 节假日数
38. 生产作业计划的主要任务包括:生产作业准备的检查;( );生产能力的细致核

算和平衡。
  A. 落实生产任务   B. 制定期量标准
  C. 计算在制品数量   D. 生产计划指标分解

39. 劳动组织设计的工作目标是实现人与物质资源的最有效组合，使（　　）得到充分利用。
  A. 生产力各要素 B. 人力资源 C. 企业资源 D. 劳动生产率

40. 项目管理的目的是保证项目在限定的工期内按预算和预定的（　　）完工。
  A. 项目计划   B. 总工期   C. 质量标准   D. 技术标准

41. 质量具有社会性、（　　）和系统性。
  A. 经济性   B. 适用性   C. 用户的满意性 D. 可用性

42. 质量的经济性是指产品的适用性与（　　）达到合理的平衡。
  A. 技术的先进性 B. 用户的需求 C. 经济的合理性 D. 产品的耐用性

43. 我国是（　　）加入 ISO 国际标准化组织的。
  A. 1988 年   B. 1987 年   C. 1978 年   D. 1990 年

44. ISO9000 质量管理和质量保证系列标准是由（　　）发布的。
  A. 中国国家标准计量局   B. 世界质量管理协会
  C. 联合国国际标准化局   D. 国际标准化组织

45. 推动 PDCA 循环，关键在于（　　）。
  A. 计划阶段   B. 执行阶段   C. 检查阶段   D. 总结阶段

46. PDCA 循环是由（　　）提出的。
  A. 戴明   B. 朱兰   C. 费根鲍姆   D. 石川馨

47. 头脑风暴法适用于戴明循环的（　　）阶段。
  A. 计划阶段   B. 执行阶段   C. 检查阶段   D. 处理阶段

48. 全面质量管理的出发点和落脚点是（　　）。
  A. 产品生产   B. 产品检验
  C. 产品的使用过程   D. 产品的反馈过程

49. 从顾客角度讲，商品的价值是（　　）减去商业成本所得的利益。
  A. 产品或劳务中得到的收益 B. 商品的价格
  C. 商品购买的享受   D. 购买商品的金钱

50. 以顾客为导向的目标是想达到（　　）的效果。
  A. 全面服务顾客   B. 永远留住顾客
  C. 提供卓越的服务   D. 让顾客满意

51. 市场营销的核心是（　　）。
  A. 赢利   B. 管理   C. 交换   D. 服务

52. "客户需要什么就生产什么""客户需要什么就卖什么"属于（　　）。
  A. 生产观念   B. 市场营销观念
  C. 产品观念   D. 社会市场营销观念

53. 市场细分是企业选择和确定目标市场的（　　）。
  A. 原因   B. 条件   C. 基础   D. 结果

54. 某企业只向市场推出一种产品,运用一种市场营销组合,以满足总体市场消费者的需要,这种目标市场策略属于(　　)。
   A. 无差异性市场营销策略　　　　B. 差异性市场营销策略
   C. 集中性市场营销策略

55. 在几种促销形式中,信息传播面广、传播速度快、节省人力的是(　　)。
   A. 人员推销　　B. 公共关系　　C. 广告宣传　　D. 营业推广

56. 某果汁机厂派人到某大型超市,在消费者面前演示果汁机的使用,该手段属于(　　)促销。
   A. 人员推销　　B. 公共关系　　C. 广告宣传　　D. 营业推广

57. 人类最古老的促销手段是(　　)。
   A. 人员促销　　B. 广告宣传　　C. 营业推广　　D. 公共关系

58. 对按约定日期付款或提前付款的顾客给予一定的折扣优惠,这是(　　)。
   A. 优惠折扣　　B. 现金折扣　　C. 数量折扣　　D. 功能折扣

59. 人力资源的概念(　　)劳动力资源。
   A. 大于　　　　B. 等于　　　　C. 小于

60. 早期的人力资源管理中,将人视为(　　)来管理。
   A. 社会人　　B. 自然人　　C. 经济人　　D. 理性人

61. 人力资源规划是为了确保(　　)和(　　)之间在组织未来发展过程中的相互匹配。
   A. 内部员工数　　B. 外部供给量　　C. 人员需求量
   D. 人员拥有量　　E. 人力资源数量　　F. 人力资源质量

62. 工作性质不同,但职责大小一致的两个职位称为(　　)。
   A. 职组　　　　B. 职级　　　　C. 职系　　　　D. 职等

63. 招聘一名员工,须经过(　　)道程序。
   A. 6　　　　　B. 10　　　　　C. 12　　　　　D. 15

64. 在人力资源管理中,提高组织整体效率的一个重要手段是(　　)。
   A. 企业文化　　B. 绩效考评　　C. 集体活动　　D. 扩大生产规模

65. 影响企业薪酬系统的因素有外部因素、内部因素和(　　)。
   A. 竞争对手的薪酬水平　　　　B. 行业薪酬水平
   C. 企业决策者的因素　　　　　D. 员工个人因素

66. 职务评价主要是为了解决(　　)问题。
   A. 薪酬规划　　　　　　　　B. 企业内部公平性
   C. 职务设置　　　　　　　　D. 填写职务说明书

67. 人力资源规划中最关键的一环是(　　)。
   A. 对人力资源的预测　　　　B. 提供人力资源信息
   C. 对人力资源的挖掘　　　　D. 组织的战略规划要先于人力资源规划

68. 目标管理法中的目标是由(　　)制定的。
   A. 企业　　　　　　　　　　B. 部门主管
   C. 员工　　　　　　　　　　D. 以上三者分别

二、多项选择能力训练

1. 企业经营的四个要素是(　　)。
   A. 企业经营者　　　　B. 企业经营权　　　　C. 企业经营对象
   D. 企业经营载体　　　E. 企业经营活动
2. 企业经营权包括(　　)。
   A. 产权　　　　　　　B. 控制权　　　　　　C. 监督权
   D. 调查权　　　　　　E. 决策权
3. 企业经营活动的内容有(　　)。
   A. 生产活动　　　　　B. 营销活动　　　　　C. 财务活动
   D. 供应活动　　　　　E. 计划活动
4. 企业投资者机构所拥有的权力有(　　)。
   A. 人事权　　　　　　B. 审批权　　　　　　C. 检查企业财务权
   D. 监督权　　　　　　E. 收益权
5. 企业经营决策的要素有(　　)。
   A. 决策中心　　　　　B. 决策者　　　　　　C. 决策结果
   D. 决策权　　　　　　E. 信息
6. 评价备选可行性经营方案的方法有(　　)。
   A. 德尔菲法　　　　　B. 实验法　　　　　　C. 线性规划法
   D. 数学分析法　　　　E. 归纳法
7. 企业经营决策方法可分为(　　)。
   A. 确定型　　　　　　B. 随机型　　　　　　C. 风险型
   D. 非确定型　　　　　E. 基本型
8. 确定型决策方法有(　　)。
   A. 最大最小后悔值法　B. 量本利分析法　　　C. 决策树法
   D. 线性规划法　　　　E. 矩阵汇总法
9. 企业生产决策的内容有(　　)。
   A. 工艺和设备决策　　B. 产品成本决策　　　C. 生产类型和厂址决策
   D. 生产组织决策　　　E. 生产计划决策
10. 塑造概念的三个重心是(　　)。
    A. 视觉　　　　　　　B. 形象　　　　　　　C. 机能　　　　　D. 系统
11. 与传统管理方法相比,准时生产——JIT追求的目标表现为(　　)。
    A. 增加供应商的数量　B. 提前期最短　　　　C. 零废品
    D. 减少零件搬运　　　E. 零库存
12. JIT系统中实现生产资源优化的措施包括(　　)。
    A. 调动工人的积极性　B. 加大投资力度　　　C. 加强质量控制
    D. 提高知名度　　　　E. 提高设备的柔性

13. JIT 系统运作出现问题的原因主要包括(　　)。
    A. 废品率或返修率高　　B. 工作缺乏标准化　　C. 缓冲了在制品的存在
    D. 设备故障率高　　E. 工人情绪不稳定　　F. 未严格执行规章制度
14. 生产物流空间组织的目标是如何缩短物料的移动距离,其专业化组织形式包括(　　)。
    A. 工艺专业化　　B. 设备专业化　　C. 产品专业化
    D. 人员专业化　　K. 成组工艺
15. 精益生产方式与大量生产方式相比,具有(　　)等特点。
    A. 品种多　　　　　　　　　　B. 柔性高
    C. 库存水平低　　　　　　　　D. 工人分工较粗,工作内容丰富
16. 对于钢材等生产资料,其销售渠道一般选择(　　)形式。
    A. 生产者—批发商—零售商—消费者　　B. 生产者—消费者
    C. 生产者—批发商—消费者　　　　　　D. 生产者—零售商—消费者
17. VMI 的原则有(　　)。
    A. 合作精神　　　　　　　　　B. 使供应商成本最小
    C. 目标一致　　　　　　　　　D. 连续改进
18. JIT 生产方式是指将(　　)的零件以必要的数量在指定的时间送到生产线。
    A. 充足的　　B. 安全的　　C. 必要的　　D. 指定的
19. 准时采购中选择供应商的原则有(　　)。
    A. 供应商的数量较多　　　　　B. 保持竞争力
    C. 供应商与公司邻近　　　　　D. 投标竞争主要限于新设计的零部件
20. 敏捷制造的基础是(　　)。
    A. 虚拟企业　　B. 动态联盟　　C. 供应链　　D. 纵向一体化
21. 企业核心竞争力的外部特征包括(　　)。
    A. 客户价值　　B. 竞争差异化　　C. 延展性　　D. 成本领导
22. 企业物流管理组织的结构形式包括(　　)。
    A. 非专业型物流管理组织　　　B. 直线型物流管理组织
    C. 直线职能制物流管理组织　　D. 矩阵式物流管理组织
    E. 物流子公司
23. 采购产品的种类有原材料、低值易耗品、资本商品、服务和(　　)。
    A. 特殊商品　　B. 标准商品　　C. 在制品　　D. 在售商品
24. 采购商可以采用(　　)来防止相同定价的行为。
    A. 鼓励小型的供应商
    B. 允许投标商对整个合同中的一部分进行投标
    C. 允许修改确定报价方式
    D. 在决定谁中标时,选择一种标准来避免将来可能产生的相同的出价
25. 采购调查的主要项目是(　　)。
    A. 采购系统　　B. 供应商　　C. 所购商品　　D. 生产系统

26. 采购货物的总成本在交易前的部分应包括( )费用。
    A. 确认   B. 调查货源
    C. 选择供应商   D. 培训

27. 看板生产只应用在具备下列这些条件的场合:( )。
    A. 生产日程计划是平稳的
    B. 能力是灵活的,且能在短时间内处理小量额外负荷
    C. 生产流程经过仔细计划并训练有素,流程的"进"与"出"已被清楚地定义好
    D. 使用标准大小的容器来装生产所需的零部件

28. 按产品的生产数量不同可把企业划分成( )等生产类型。
    A. 大量生产   B. 单件小批生产   C. 合成型生产
    D. 成批生产   E. 分解型生产

29. 总体计划的主要内容包括计划期的( )等方面。
    A. 作业计划   B. 总产量计划   C. 生产能力计划
    D. 进度计划   E. 物料需求计划

30. 生产系统在运行中主要执行( )等职能。
    A. 计划   B. 指挥   C. 控制
    D. 协调   E. 组织

31. 企业的生产过程由( )组成。
    A. 生产技术准备过程 B. 基本生产过程   C. 辅助生产过程
    D. 生产服务过程   E. 工艺准备过程

32. 厂区平面布置时,一般应遵循( )等。
    A. 公益原则   B. 经济原则   C. 安全和环保原则
    D. 稳定原则   E. 创新性原则

33. 生产控制的内容包括( )。
    A. 进度控制   B. 产量控制   C. 质量控制
    D. 库存控制   E. 成本控制

34. 在厂址选择时,应遵循的原则是( )。
    A. 周边环境   B. 费用   C. 集聚人才
    D. 接近用户   E. 长远发展

35. 根据企业的生产方式不同,可把企业的生产划分为( )。
    A. 合成型   B. 连续型   C. 分解型
    D. 调制型   E. 提取型

36. 企业常用的生产能力计量单位有( )。
    A. 出产量   B. 原料处理量   C. 投入量
    D. 价值量   E. 拥有量

37. 确定批量和生产间隔期标准通常采用的方法是( )。
    A. 技术测定法   B. 因素分析法   C. 以量定期法
    D. 以期定量法   E. 经济批量法

38. 质量的概念包括(　　)。
    A. 产品的价格　　　　　　　　　　B. 产品的用途
    C. 产品的后续服务　　　　　　　　D. 产品的标准化
39. 质量体系包括(　　)。
    A. 质量策划　　B. 质量控制　　C. 质量保证　　D. 质量改进
40. 质量管理的三个阶段包括(　　)。
    A. 质量检验阶段　　　　　　　　　B. 统计质量控制阶段
    C. 社会质量管理阶段　　　　　　　D. 全面管理阶段
41. 全面质量管理包括(　　)。
    A. 设计和开发过程的质量管理　　　B. 生产和制造过程的质量管理
    C. 辅助过程的质量管理　　　　　　D. 使用过程的质量管理
42. 在分析产品质量问题时可以采取(　　)等。
    A. 分层法　　B. 散布图　　C. 控制图　　D. 头脑风暴法
43. 全面质量管理成功的必要条件有(　　)。
    A. 最高领导层强有力而持续的领导　B. 对组织内部所有成员的教育和培训
    C. 顾客满意度的不断提高　　　　　D. 组织内所有成员及社会受益
44. 以下关于全面质量管理的陈述正确的有：全面质量管理(　　)。
    A. 是对组织进行全面管理的唯一途径　B. 以质量为中心
    C. 以全员参与为基础　　　　　　　D. 致力于使组织获得长期成功
45. 顾客包括(　　)。
    A. 员工　　B. 产品购买者　　C. 观望者　　D. 企业管理者
46. 顾客在购买时关注(　　)等方面。
    A. 产品的质量　　B. 产品的服务　　C. 产品的价格　　D. 按时交货
47. 质量体系文件主要包括(　　)。
    A. 质量手册　　B. 程序文件　　C. 质量计划　　D. 质量记录
48. 市场营销的主要功能是(　　)。
    A. 了解消费需求　　B. 指导企业生产　　C. 开拓销售市场　　D. 满足顾客需求
49. 应付环境威胁的对策有(　　)。
    A. 促变　　B. 刺激　　C. 减轻　　D. 转移
50. 影响消费者购买行为的因素主要有(　　)。
    A. 经济因素　　B. 政治因素　　C. 社会因素　　D. 心理因素
51. 目标市场策略选择时应考虑的因素有(　　)。
    A. 企业资源　　　　　　　　　　　B. 产品与市场同质性
    C. 产品所处的生命周期阶段　　　　D. 竞争对手的策略
52. 影响产品定价的主要因素有(　　)。
    A. 定价目标　　　　　　　　　　　B. 产品成本
    C. 市场需求　　　　　　　　　　　D. 竞争者的产品和价格
53. 心理定价策略主要有(　　)。
    A. 声望定价　　B. 尾数定价　　C. 招徕定价　　D. 渗透定价

54. 人员推销的优点有(　　)。
    A. 灵活性　　　　B. 针对性　　　　C. 完整性　　　　D. 情感性
55. 新媒体营销的特点有(　　)。
    A. 目标顾客精准　B. 与顾客接近　　C. 宣传成本低　　D. 形式多样
56. 新媒体营销的渠道包括(　　)。
    A. 网络平台　　　B. 手机平台　　　C. 互动电视　　　D. 杂志
57. 企业评价营业推广效果的方法有(　　)。
    A. 销售数据　　　B. 市场经验　　　C. 企业状况　　　D. 消费者调查
58. 企业人力资源管理包括(　　)。
    A. 对人力资源开发的管理　　　　　B. 对人力资源利用的管理
    C. 对人力资源规划的管理　　　　　D. 对人力资源激励的管理
59. 人力资源管理的作用包括(　　)。
    A. 有利于促进企业生产经营的顺利进行
    B. 有利于调动企业员工的积极性和提高劳动生产率
    C. 有利于现代企业制度的建立
    D. 有利于提高经济效益并使企业的资产保值增值
60. 在评估人力资源规划时,要做到(　　)。
    A. 客观、公正和正确
    B. 首先要满足组织战略目标的要求,效益因素可以以后考虑
    C. 要照顾到领导们的意见
    D. 确保与之前预测的结果相一致
61. 以下属于工作说明书中对工作人员要求的有(　　)。
    A. 身体健康　　　　　　　　　　　B. 待人礼貌
    C. 高中以上学历　　　　　　　　　D. 有两年以上工作经验
62. 选择招聘渠道须考虑(　　)。
    A. 公司的财务费用　　　　　　　　B. 公司的人事发展战略
    C. 竞争对手的人事政策　　　　　　D. 拟招聘人员的类型
63. 要考察一个人的"德",主要从(　　)等方面设定标准。
    A. 价值观　　　　B. 责任心　　　　C. 进取心
    D. 职业道德　　　E. 遵纪守法
64. 以下属于薪酬范畴的有(　　)。
    A. 销售人员得到的奖金　　　　　　B. 采购人员得到的回扣
    C. 公司为贡献突出人员安排的出国旅游　D. 将一名员工升为部门主管
65. 员工薪酬体系一般包括(　　)。
    A. 以年资为基础的薪酬体系　　　　B. 以职位为基础的薪酬体系
    C. 以能力为基础的薪酬体系　　　　D. 以技术为基础的薪酬体系
    E. 以绩效为基础的薪酬体系
66. 在进行自我评估时,主要通过确定自己的(　　)来认识自己。
    A. 职业兴趣　　　　B. 价值观　　　　C. 性格倾向

D. 行为倾向　　　　　　　E. 薪酬目标
67. 企业薪酬管理的好坏将直接影响(　　　)。
    A. 员工的劳动效率　　　　B. 企业的生产成本
    C. 社会稳定　　　　　　　D. 人才流失

三、判断能力训练

1. 现代企业经营是指企业经营者为获得最大的物质利益而运用经济权力以最少的物质消耗创造出尽可能多的能够满足人们各种需要的产品的经济活动。(　　　)
2. 权力可以分为三类：个人影响权、所有权、经营权，其中个人影响权是指与组织的职位无关的权力。(　　　)
3. 经营权具有唯一性，一个企业只有一个经营权，它是不可分的。(　　　)
4. 企业决策职能的主体一般是企业的管理者。(　　　)
5. 企业管理职能是企业经营职能中的首要职能。(　　　)
6. 采购是一个商流过程，不是一个物流过程。(　　　)
7. 在生产需求一定的条件下，基本库存是由每次的订货量决定的。(　　　)
8. 库存控制决策的目标是在企业现有资源约束下，以最低的库存成本满足预期的采购，它不是一种经济活动。(　　　)
9. 供应物流包括确定物料的需求量、采购、运输、流通加工、装卸、搬运、储存、配送等物流活动。(　　　)
10. JIT 采购的一个重要策略是减少供应商的数量，最理想的情况是只从一个供应商处采购某些原材料或外购件。(　　　)
11. 供应商管理的 ABC 方法，实际是按成本指标对供应商进行管理的方法。(　　　)
12. 在进行运输决策时，物流决策制定者必须考虑国内与国际运输之间的许多差异。(　　　)
13. 准时生产 JIT 和看板生产是两种完全不同的生产物流控制方法，准时生产 JIT 是应用拉式生产控制原理的方法，看板管理的实质是推式生产控制。(　　　)
14. 经济订购批量是协调存储费用和采购费用这对矛盾的一个重要方法。(　　　)
15. 工业企业的物流成本是指物料采购、仓储和产品销售过程中为了实现物品的物理性空间运动而引起的货币支出，但通常不包括原材料、半成品在生产加工过程中运动产生的费用。(　　　)
16. 准时生产 JIT 是应用拉式生产控制原理的方法。(　　　)
17. 看板系统是一种信息系统，看板可以传递信息，协调所有的生产过程以及各生产过程中的每个环节，使生产过程同步。(　　　)
18. 零库存是 JIT 采购与供应追求的最终目标。(　　　)
19. JIT 采购的一个策略是增加供应商的数量，以减少由于缺货造成的风险。(　　　)
20. 价值分析以功能分析为前提。(　　　)
21. 企业生产战略属于职能级战略。(　　　)

22. 经济订货批量是通过平衡采购进货成本和保管仓储成本核算,以实现库存成本最佳的订货量。( )
23. 产品概念是企业对产品创意进行详尽的描述,并用文字和图像表现出来。( )
24. 单件小批生产类型的生产对象基本上属于一次性需求的专用产品。( )
25. 在顺序移动方式中,每个零件在工序之间的移动是顺次连续的,没有等待加工时间。( )
26. 流水线上各道工序的单件作业时间原则上应等于节拍。( )
27. 为了加强工作现场的管理,在车间布置时,可在墙面悬挂、张贴相关图表。( )
28. 产品生产过程是企业生产过程的核心内容。( )
29. 流水线上各道工序的单件作业时间应等于节拍或节拍的整数倍。( )
30. 价格贵就是质量好。( )
31. 质量管理就是统计方法。( )
32. 好的质量是设计、制造出来的,不是检验出来的。( )
33. 质量是社会经济发展的决定因素之一。( )
34. 在 PDCA 循环中,实施阶段是关键。( )
35. PDCA 是一个循环上升的过程。( )
36. 全面质量管理与 GB/T 19000 系列标准的目标不一致。( )
37. 企业销售的不是产品、服务,而是效用与价值。( )
38. 全面质量管理的思想之一是要求质量与经济相统一。( )
39. 质量始于培训,终于培训。( )
40. 市场营销的目的,是最大限度地满足目标市场消费者的需要。( )
41. 我国企业应树立现代市场营销观念,所以,只要是消费者需要的,企业就应予以满足。( )
42. 产品的市场寿命周期就是产品的使用寿命。( )
43. 只要企业生产的产品质量好,就可以采取无差异性市场营销策略。( )
44. 初次进入新市场的企业,应当采用集中性市场营销策略。( )
45. 营业推广可用于短期特别推销。( )
46. "一个便宜三个爱",因而产品价格都应该采取非整数定价。( )
47. 新媒体营销的发展与社会经济、科技水平发展密切相关。( )
48. 新媒体营销速度快、传播广、互动性强。( )
49. 广告促销是所有促销手段中最好的。( )
50. 传统的人事管理已经不存在了。( )
51. 人力资源管理的中心思想是以人为本。( )
52. 人力资源规划是企业文化的一部分。( )
53. 组织的战略目标决定着人力资源规划的质量。( )
54. 人力资源规划不能合理利用这一现象普遍存在。( )
55. 任务分析就是工作分析。( )
56. 在组织看来,衡量一个人是否勤奋可以从他的出勤率上判断。( )
57. 所谓薪酬,其实就是组织发给员工的工资、奖金以及津贴的总和。( )

58. 让员工进行自我评估是其进行职业规划的第一步。（   ）

59. 员工的职业生涯规划可以随着自身目标的改变而不断改变。（   ）

专业运用能力训练

一、总结归纳能力训练

1. 试述企业经营管理决策的含义与构成要素。

2. 描述企业经营管理决策科学化的基本要求与实施途径。

3. 描述企业经营管理决策的原则及程序。

4. 描述企业平均作业流程。

5. 试述企业运输管理的特征与要求。

6. 描述企业合理运输的"五要素"。

7. 分析主要运输方式的优缺点。

8. 描述企业商品出入库的操作程序。

9. 描述 ABC 分析法的操作原则及步骤。

10. 总结企业生产管理的目标和任务。

11. 总结厂址选择的原则和基本方法。

12. 试述生产计划的主要指标及编制方法。

13. 企业生产控制主要包括哪几个方面？

14. 描述企业现场管理的要求和内容。

15. 企业现场管理的三大手法是什么？

16. 描述实施全面质量管理的不同阶段。

17. 描述质量管理体系建立的步骤。

18. 描述质量的基本性质。

19. 描述市场营销的功能和观念。

20. 总结把握市场机会的对策。

21. 影响消费者购买行为的主要因素有哪些?

22. 目标市场选择的内容有哪些?

23. 描述4PS营销策略。

24. 影响定价的主要因素有哪些？企业定价策略有哪些？

25. 描述人员推销的过程。

26. 营业推广的主要内容有哪些？

27. 举例分析新媒体营销的特点。

28. 总结人力资源规划的含义与作用。

29. 人力资源规划的内容及影响因素有哪些？

30. 描述企业工作分析的步骤。

31. 描述企业员工招聘的渠道与程序。

32. 企业绩效考评的基本内容与方法有哪些？

33. 总结企业薪酬管理的作用和影响因素。

34. 企业员工薪酬体系包括哪些形式？

35. 描述企业员工薪酬规划的步骤。

36. 描述企业员工职业生涯设计的流程。

二、案例分析能力训练

1. 某企业对产品更新有三个可行方案：第一，上新产品 A，需追加投资 800 万元，经营期 5 年，若产品销路好，每年可获利润 600 万元，若销路不好，每年将亏损 50 万元。根据预测，销路好的概率为 0.7，销路不好的概率为 0.3。第二，上新产品 B，需追加投资 500 万元，经营期为 5 年，若产品销路好，每年可获利润 220 万元，若销路不好，每年获利 30 万元。据预测，销路好的概率为 0.8，销路不好的概率为 0.2。第三，继续维持老产品，若销路好，今后 5 年内仍可维持现状，每年可获利 80 万元，若销路差，每年可获利 50 万元。据预测，销路好和不好的概率分别为 0.9 和 0.1。

试用决策树法选择最优方案。

2. 某有限公司于2017年5月由某煤机厂改组而成,是中国最大的煤矿专用设备制造公司之一,其主要产品为刮板输送机、转载机、破碎机、刨煤机以及一些非煤机专业机械产品,主要有提升机用链条、铸石刮板输送机、减速机、料液搅拌机、各种自卸车、装载车用工程液压缸、套筒辊子和链条等。产品主要销往全国各矿务局及地方煤矿,国内市场占有率为70%,部分产品出口印度、越南、土耳其、俄罗斯等国家。

公司占地面积85万平方米,在册职工人数6 000人,其中工程技术人员700人,管理人员600人,生产方式为订货型,生产类型为单件小批量生产,产品为结构较复杂的大型煤矿机械设备。合同任务的90%以上需要改型或重新设计,因此,设计工作量大,制造周期较长,在生产经营管理方面具有明显的管理过程复杂、成本与进度控制难度大的特征,对公司的组织机构功能、计划模式与控制机制提出了很高的要求。

公司改制后的组织结构仍为直线职能制,结构层次基本合理,能适应计算机化信息管理的扁平化要求,总经理层职能分工合理,职能部门划分与职能、职责分工基本合理。

公司原为部属,长期保留着计划经济管理的一些特征,一度影响了公司的发展。前些年企业紧紧围绕"满足用户,提高效益"的方针,进行了技术改造和引进技术消化吸收,大大缩短了与国际先进水平的差距。自企业归属地方后,面临的外部环境发生了实质性变化,完全市场经济机制的客户关系对公司产生了很大的冲击,经济效益出现明显滑坡。在这种情况下,公司及时进行了改制,使组织结构趋于扁平化、精简化,将计划处更名为规划发展部,强化了规划计划功能;将销售部改为市场营销部,强化了市场预测、客户管理功能;将人事部改为人力资源部,强化了人才引进、职工技术与管理培训,以及人事档案管理功能。同时,领导主抓,在产品促销、合同签订等方面投入了大量的精力,取得了显著的成效。然而遇到的最大困难是,设计工作量大,效率低,周期长,生产系统与生产组织落后,生产进度与成本控制不得力,导致制造周期长,产品不能按期交货;产品制造成本底数不清,对竞争对手策略不清,合同定价盲目,严重影响着公司的经济效益和竞争实力的提高。

请分析:市场好,订单多,用户要求交货期短,但企业设计制造周期长,怎样优化,以达到提高企业对市场的快速反应能力,不失去订单,不失去市场。

3. 上海报纸收藏家刘某收藏了大量的旧报纸,有珍贵历史意义的旧报纸价值连城,但绝大多数旧报纸并不能变成商品。后来他赋予这些旧报纸一种价值,提出可以作为生日礼物送给朋友。好奇心使人们很愿意看看自己生日那天世界发生了什么事情,特别是送给长辈,通过报纸,老人可唤回久远的记忆,使本来不值钱的旧报纸卖出了好价钱。

请回答:你还可赋予旧报纸什么样的价值?此思路还可用于哪些商品?

4. 某超市人才招聘案例。

2017年11月,著名的TZ超市在H市人才市场召开了专场招聘会,拟在H市招聘15名销售部门经理。招聘当天,TZ的招聘工作人员把H市人才市场的二楼大厅布置得井井有条。楼梯上贴着TZ超市的宣传画。三楼门口放着一台电视机,连续播放着介绍TZ资料的影碟。负责招聘工作的邢女士说:TZ重视流程管理,招聘工作也不例外。他们在招聘时早已做好充分的准备,制订了详细的招聘计划,只要在招聘的各个流程环节把好关,招聘的质量不会有问题。

TZ的招聘主要有以下几个步骤:

(1)领表。进场的应聘者要先在入口处领取一张申请表,填写有关个人资料、教育程度、家庭状况、为什么来TZ工作等内容。领表,这个看似简单的过程却能淘汰掉不少应聘者,比如有些人来应聘,却没有准备简历和照片等基本资料,TZ认为他们可能缺乏策划组织能力,不太适合做零售业的部门经理,TZ通常是不会给此类应聘者机会的。

(2)初选。应聘者填好表格,将其交给人力资源部的工作人员,由他们进行初选。邢女士说,在这个过程中,TZ会认真地看申请表,问应聘者一些问题,并淘汰一些明显不适合到TZ工作的应聘者。

(3)初试。通过TZ的初选后,应聘者就可以到部门经理那里面试了。TZ的一个门店的7位部门经理(包括4个销售部门经理、人力资源部经理、收银处经理和财务经理)参加面试。经理们都会问一些问题,根据每一位应聘者回答的状况,都会写A、B、C、D的评语。通常被评为"A、B"者才有可能参加下一轮面试。

(4)复试。通过初试的应聘者一周内会接到TZ人力资源部的复试电话通知。接下来还要经过至少两次面试,最后才接受总经理的面试。这时,初试过关的 10 位应聘者中大约会有 1 位能够成为 TZ 的员工。

请回答下列问题:

(1) TZ 在 H 市人才市场召开招聘会,要做哪些准备工作?

(2) 在 TZ 招聘流程的"初选"阶段,审查申请表时,您认为应该注意哪些问题?

(3) 如果您是 TZ 销售部门的经理,在招聘的"初试"阶段担任主考官,请您采用开放式的提问方式,向应聘者提出四个问题。

(4) 如果被录用,你该如何开展工作?

5. 日本泡泡糖市场年销售额约为 740 亿日元,其中大部分被"劳特"垄断,其他企业再想挤进泡泡糖市场谈何容易。但江崎糖业公司对此并不畏惧,公司成立了市场开发班子,专门研究霸主"劳特"产品的不足和短处,寻找市场的缝隙。经过周密调查分析,终于发现"劳特"的四点不足:第一,以成年人为对象的泡泡糖市场正在扩大,而"劳特"却仍旧把重点放在儿童泡泡糖市场上;第二,"劳特"的产品主要是果味型泡泡糖,而消费者的需求正在多样化;第三,"劳特"多年来一直生产单调印条板状泡泡糖,缺乏新式样;第四,"劳特"产品价格是 10 日元,顾客购买时需掏 10 日元的硬币,往往感到不便。通过分析,江崎糖业公司决定以成人泡泡糖市场作为目标市场,并制定了相应的市场营销策略,不久便推出功能性泡泡糖四大产品:司机泡泡糖使用了浓度薄荷和天然牛黄,以强烈的刺激消除司机的困倦;交际用泡泡糖,可清洁口腔,祛除口臭;体育用泡泡糖,内含多种维生素,有益于消除疲劳;轻松性泡泡糖,通过添加叶绿素,可以改变人的不良情绪。江崎糖业公司还精心设计了产品的包装和造型,价格定为 50 日元和 100 日元两种,避免了找零钱的麻烦。功能性泡泡糖的问世,像飓风一样席卷全日本。江崎公司不仅挤进了由"劳特"独霸的泡泡糖市场,而且占领了一定的市场份额,从零猛升至 25%,当年销售额达 175 亿日元。

阅读案例后,请回答下列问题:
(1)江崎公司是如何发现市场机会的?
(2)江崎公司将目标市场选择在哪里?
(3)江崎公司的目标市场策略是什么?

专业拓展能力训练

开发对企业经营的决策能力

活动目标
(1)巩固和强化对于企业经营决策知识的理解及认知。
(2)锻炼并提高思考能力及发现问题、解决问题的能力。
(3)培养经营决策的意识及能力。
内容与要求
(1)由5~8名同学组成一个小组,组建一个经营实体。
(2)选择一个经营项目(在学校附近租一个小店面搞创业),运用企业经营决策的知识加以决策分析。
时间安排
本任务学习过程中或结束后的一周时间内。
成果与检测
(1)本项目的调研报告。
(2)本项目的决策过程性材料。
(3)本项目最终决策结果。

（4）由教师与学生对各小组所交材料及交流表现进行评估打分。

 开发对第三方物流供应商的选择能力

活动目标
（1）巩固和强化对企业第三方物流知识的理解及认知。
（2）培养资源优化和共享的思想。
（3）培养选择第三方物流供应商的能力。

内容与要求
（1）由5~8个学生组成小组，了解5个备选物流供应商的具体情况和企业的物流需求情况。
（2）根据企业的物流需求情况分组讨论并确定物流供应商的评价标准，并根据相对于企业的重要性配以权数。
（3）每个小组根据确定的评价标准对5个物流供应商进行打分。
（4）根据各项标准的得分及标准的权数分别计算各物流供应商的综合得分，最高者获胜，即确定其为合作伙伴。

 开发对生产系统的设计能力

活动目标
（1）巩固和强化对企业第三方物流知识的理解及认知。
（2）培养资源优化和共享的思想。
（3）培养管理企业生产的能力。

内容与要求
（1）由5~8个学生组成小组，各选择1家企业，要求类型各不相同。
（2）深入企业了解该企业的产品、生产能力、设备布置、工艺系统设计、生产流程、工厂的地理位置情况。
（3）每个小组对调查的情况进行整理、分析。
（4）各小组进行汇报，比较各个企业生产系统的差异及存在的问题。
（5）各组在班级交流、讨论。

时间安排
本任务学习过程中或结束后一周。

成果与检测
（1）每组制订所选择企业的调研计划。
（2）各小组调研过程性材料。
（3）各小组的交流表现。

增强PDCA循环的使用及分析能力

活动目标
(1)巩固和强化对全面质量管理的理解及认知。
(2)锻炼并提高独立思考能力,知识转化能力,发现、分析及解决问题的能力。
内容与要求
(1)由5~8个同学组成一个小组,分析本小组在哪些方面存在问题或缺陷。
(2)运用PDCA的相关知识,制定本小组的戴明循环步骤。
(3)经过一段时间的改进,由其他小组对本小组的执行情况进行检查。
时间安排
本任务学习过程中,一个月左右。
成果与检测
(1)对每组运用PDCA循环的情况进行总结。
(2)各组整理检查结果,写出一份报告并在班级交流、讨论。
(3)由教师与学生对各组所交材料与交流中的表现进行评估打分。

 训练面试技巧及沟通能力

活动目标
(1)锻炼在招聘过程中的沟通能力及面试技巧。
(2)巩固对人员招聘、职位分析和职位说明书的掌握。
内容与要求
(1)由5~8个同学组成一个小组,模拟本地的一家知名企业来学校招聘。
(2)选择不同的招聘职位,对拟招聘的职位进行分析,并填写职位说明书。
(3)思考如何对应聘的人员进行筛选,在面试中需要注意哪些问题。
时间安排
讲授本任务结束的周末。
成果与检测
(1)每组制定不同的拟招聘职位说明书。
(2)设计面试问题或回答可能出现的面试问题。
(3)各组整理模拟结果,写出一份报告并在班级交流、讨论。
(4)由教师与学生对各组所交材料与交流中的表现进行评估打分。

 商品销售方案策划

活动目标
(1)巩固、强化对营销管理内容的认知及理解。

(2) 培养独立思考、知识转化、团队合作以及分析和解决问题的能力。
(3) 具有一定的营销能力。

内容与要求

(1) 由10名学生组成一个小组,对本地小商品市场进行初步了解,拟定一份"关于高职在校学生小商品消费状况"的调查问卷,实施调查并对调查结果进行分析。

(2) 运用营销知识,选定产品,从市场状况、产品状况、竞争状况、分销状况、环境状况等方面进行简要分析。

(3) 根据上述分析结果,从促销对象、时间、地点、预算等方面制订营销计划。

微信营销实战

活动目标
(1) 了解当前主要的新媒体营销方式。
(2) 会运用微信平台进行商品营销。

内容与要求
(1) 以COHS折叠三折黑胶防晒雨伞为推广商品,每位同学利用自己的微信号进行推广。
(2) 要求收集本商品信息进行图文编制,并向不少于10个微信好友进行发布。
(3) 时间限制为6小时,评价6小时内的微信好友数量、关注度、点击率、成交量。

模块五

企业经营战略管理认知

知识认知能力训练

一、单项选择能力训练

1. (　　)是企业总体的、最高层次的战略。
   A. 公司战略　　　　B. 职能战略　　　　C. 市场战略
   D. 经营战略　　　　E. 发展战略
2. (　　)属于竞争战略层面,并归属于事业部门管理层。
   A. 公司战略　　　　B. 职能战略　　　　C. 业务单位战略
   D. 战略层次　　　　E. 人才战略
3. 战略管理是企业(　　)理论。
   A. 市场营销管理　　B. 职能管理　　　　C. 最高层次管理
   D. 经营管理　　　　E. 营销管理
4. 战略体现环境适应特征的是(　　)。
   A. 计划　　　　　　B. 定位　　　　　　C. 计谋
   D. 模式　　　　　　E. 实施
5. 美国 P&G 公司"二战"后推出"汰涤"牌洗衣粉获得成功,20 世纪 50 年代又推出"快乐"牌洗衣粉,这种品牌战略是(　　)。
   A. 多族品牌　　　　B. 家庭品牌　　　　C. 个别品牌
   D. 多品牌　　　　　E. 连续品牌
6. 分散化经营单位最适应的经营战略是(　　)。
   A. 差异化战略　　　B. 集中化战略　　　C. 成本经营战略
   D. 市场渗透战略　　E. 分散化战略
7. 一家经营婴儿奶粉的公司正准备进行多元化经营,你认为应该最优先考虑的业务领域是(　　)。
   A. 青少年奶粉　　　B. 中老年奶粉　　　C. 果汁饮料
   D. 酒类产品　　　　E. 洗涤用品

8. "东方不亮西方亮"是用来比喻(   )。
   A. 一体化战略　　　　B. 战略联盟战略　　　　C. 多元化战略
   D. 全方位创新战略　　E. 品牌战略
9. 某企业专门生产经营各种建筑用的防水材料,这种市场选择战略是(   )。
   A. 单一市场集中化战略　　B. 选择专业化战略　　C. 市场专业化战略
   D. 产品专业化战略　　　　E. 多元化战略
10. 在市场增长率-相对市场占有率矩阵中,当市场增长率低、相对市场占有率高的时候,它属于(   )业务。
    A. 问号类　　　　　　B. 明星类　　　　　　C. 金牛类
    D. 瘦狗类　　　　　　E. 难以判断

二、多项选择能力训练

1. 有关公司战略要素正确的说法有(   )。
   A. 战略需要体现公司愿景
   B. 战略目标并非一定获取竞争优势
   C. 战略决策持续性可以比较灵活,可长可短,关键是要与企业发展相适应
   D. 战略设定必须考虑企业所处的环境
   E. 战略反映了公司长期发展方向
2. 下列说法正确的有(   )。
   A. 企业战略必须追求原创性,原创性是保持战略持续性的基础,怎么强调都不过分
   B. 企业价值增值不仅体现在财务盈利能力方面,还包括长远的收益等
   C. 战略一经设定,应该保持一致性和可持续性,战略的贯彻重在坚持
   D. 资源不仅包括货币资金,还包括人员、技能、技术、各种社会关系等
   E. 市场战略是对有关市场长期开发方向、开发重点和发展途径等问题的总体谋划
3. 企业战略的特征有(   )。
   A. 高层次性　　　　B. 整体性　　　　C. 竞争性
   D. 动态性　　　　　E. 风险性
4. 战略的基本目标包括(   )。
   A. 市场目标　　　　B. 利润目标　　　　C. 平衡性目标
   D. 权变目标　　　　E. 竞争目标
5. 企业战略要素的协同效应可以表现为(   )。
   A. 销售协同效应　　B. 生产协同效应　　C. 投资协同效应
   D. 管理协同效应　　E. 供应协同效应
6. 投资组合战略的影响因素有(   )。
   A. 盈利与风险　　　B. 政府政策　　　　C. 经营规模
   D. 产业性质　　　　E. 进入壁垒

7. 战略目标必须实现(　　)。
    A. 层次目标的配套　　B. 结构目标的配套　　C. 时间上的配套
    D. 品牌目标的配套　　E. 职能目标的配套
8. 要形成产品战略必须从(　　)方面考虑。
    A. 老产品整顿战略　　B. 新产品开发战略　　C. 服务质量战略
    D. 产品品种战略　　E. 产品质量战略
9. 通用电器公司要求其在每一个行业市场中都成为数一数二的,否则就退出,并因此放弃了计算机和空调业务,就此提高其他产品的市场占有率。那么,为了获得很好的市场占有率,通用公司应该考虑的因素有(　　)。
    A. 引起反垄断的可能
    B. 为提高市场份额所付出的成本
    C. 所采用的营销组合战略
    D. 企业的品牌形象
    E. 企业的资金实力
10. 职能战略主要包括(　　)。
    A. 财务战略　　B. 竞争战略　　C. 信息战略
    D. 人力资源战略　　E. 技术战略

三、判断能力训练

1. 战略管理是对企业战略的设计、选择、控制和实施,直至达到企业战略总目标的过程。(　　)
2. "把鸡蛋放在一只篮子里的做法"是多元化战略的形象表述。(　　)
3. 差异化战略的核心是提供某种对顾客有价值的商品。(　　)
4. 事后宣告是竞争对手使用的一种正式的信号形式,表明它可能或不打算采取某种行动。(　　)
5. 当市场逐渐饱和时,企业适合于采取多元化战略。(　　)
6. 对于产品开发和工艺装备成本偏高的行业,采用集中化战略时,通常是以产品线的某一部分作为经营重点。(　　)
7. 战略集团是指在同样的战略领域、遵循着相同或类似战略的公司群体。(　　)
8. 将经营重点放在不同需求的顾客群上,是顾客集中化战略的主要特点。(　　)
9. 纵向一体化按物质流动的方向可以划分为前向一体化和后向一体化。(　　)
10. 竞争战略的主要类型有成本领先、差异化、一体化。(　　)

专业运用能力训练

一、总结归纳能力训练

1. 归纳出企业经营战略的要素。

2. 描述企业经营战略的内容。

3. 企业经营战略管理有何特征？

4. 企业经营战略的类型有哪些？

5. 描述企业经营战略的层次结构。

6. 企业经营战略过程管理有哪几个重点阶段？

7. 描述企业经营战略制定的步骤。

8. 企业经营战略评价的原则和方法是什么？

二、案例分析能力训练

近年来，在董明珠带领下的格力已经修炼成了"热搜体质"，隔三岔五上头条，早已不是什么新鲜事儿。从2013年成立大松生活电器，主推小家电产品，到2014年格力电器明确提出"将格力电器从一个专业生产空调的企业发展成一个多元化的集团性企业"，发展热水器、净水器等产品，再到后来格力入局手机以及新能源汽车行业，显然，生命不息、折腾不止的格力在多元化的道路上玩得乐此不疲。

我们都知道，最近十多年，格力一直是空调行业的第一名，总营收也从百亿扩至千亿量级,甚至毫不夸张地说,靠空调起家的格力,同样也是依靠空调做强。然而由于空调行业的发展空间已经不大,因此在董明珠的带领下,格力搞起了声势浩大的多元化发展,并试图形成包括手机、智能家居以及新能源汽车在内的三大产业布局。

说实话,专业化企业做到一定规模后,就会触碰到行业的天花板,再继续做上去的难度很大,而多元化被认为是企业突破规模限制的重要途径。当然了,从本质上来讲,专业化和多元化并无好坏之分,企业究竟要走哪条路,取决于企业自身发展的战略及价值取向。在董明珠看来,格力做手机,就是要让智能手机成为核心,实现对所有智能家居的控制。但现实的状况是,目前的智能家居主要是对原有家用电器的智能化改造,智能家居更多要靠互联网内容以及软件来解决。其实说白了,虽说智能家居被看作是家电行业的下一个风口,但在目前的形势下,智能家居才刚刚处于起步阶段,而如何打通不同品牌产品之间的智能家居生态系统才是当务之急。在业内人士看来,软件的问题,格力偏要靠硬件来解决,格力手机的失败似乎从一开始就注定了。

如果说格力跨界做手机是一次理想主义的大胆尝试,那么高调进军新能源汽车就是一次华丽冒险。暂且不提格力收购银隆的失败,就单纯考虑家电企业跨界造车,相对投资周期长,回收期慢,不确定性也较多,这就意味着产品想要有竞争力,就需要给予大量的资金支持。

值得一提的是,格力的多元化布局怎么看都有点雷声大雨点小。相关数据显示,2013年格力空调的营收占到格力电器的89%,截至2016年,空调的营收仍然占到格力电器的81%。不得不说,喊了多年的口号,格力似乎始终未能迈出实质性的一步。

请分析:

(1) 格力公司的竞争战略是什么?

(2) 有人说"格力做什么都做不好,就是空调做得好",对这句话你是怎么理解的?

专业拓展能力训练

开发对企业经营战略的调研分析能力

活动目标

(1) 巩固和强化对企业经营战略的理解及认知。

(2) 锻炼并提高独立思考能力,知识转化能力,发现、分析及解决问题的能力。

(3) 培养初步的调研分析能力。

内容与要求

(1) 由 5~8 个同学组成一个小组,选择一家本地知名企业,分析其经营战略。

(2) 运用企业经营战略的相关知识,对该企业的经营战略进行简要分析。

(3) 分析本组所在公司的经营战略情况,陈述本公司经营战略思想、战略环境、目标及其实施情况和评估。

时间安排

讲授本任务结束的周末。

成果与检测

(1) 每组制订所选企业内外环境的调研分析计划。

(2) 根据调研计划实地调研或间接调研。

(3) 各组整理调研结果,写出一份报告并在班级交流、讨论。

(4) 由教师与学生对各组所交材料与交流中的表现进行评估打分。